D1664418

Beatrice Aepli

Backen
in der Advents- und Weihnachtszeit

© 2002 Edition Fona GmbH, CH-5600 Lenzburg
Gestaltung Umschlag:
Dora Eichenberger-Hirter, Birrwil
Gestaltung Inhalt:
Dora Wespi, Luzern
Foodbilder:
Hansjörg Volkart, Zürich
Illustrationen:
Dora Wespi, Luzern
Lithos:
Neue Schwitter AG, Allschwil
Druck und Bindung:
Stalling, Oldenburg

ISBN 3-03780-117-4

Inhalt

Verwendete Abkürzungen

EL = gestrichener Esslöffel
TL = gestrichener Teelöffel
ml = Milliliter
dl = Deziliter
l = Liter
g = Gramm
kg = Kilogramm
Msp = Messerspitze

Weihnachten
ist bald ...

Advents- und Weihnachtszeit ist auch Backzeit. Wer mit den Kindern einen Adventskalender backen will, «eröffnet» die Weihnachtsbackstube bereits in den Novembertagen.

Nur kurze Zeit vergeht ... und schon klopft Nikolaus an die Tür. Das Lebkuchenhaus schmeckt so gut wie jeder hausgebackene Lebkuchen, aber es wird schon etwas Überwindung kosten, das wunderschöne Hexenhaus anzuknabbern. Glücklicherweise gibt es aber noch eine Vielzahl von Rezepten aus würzigem Lebkuchenteig. Und in diese darf man herzhaft hineinbeißen. Fast hätten wir die Gritibänzen respektive Teigmänner vergessen, die am 6. Dezember auf keinem Frühstückstisch fehlen dürfen.

Die beiden Wochen vor Weihnachten sind den Guetzli oder Plätzchen reserviert. Je mehr Sorten, desto bunter wird der Weihnachtsteller. Und wenn der vorweihnachtliche Ausstoß aus der Backstube zu groß ausfällt, dann gibt es bestimmt Verwandte, Paten der Kinder und Bekannte, die sich über ein fein duftendes Päckchen freuen.

Mit viel Begeisterung und Hingabe backen Kinder auch bunten Schmuck für den Weihnachtsbaum und farbenfrohe Tischkärtchen.

Pikantes Gebäck und Kuchen, Cakes und Fladen haben am Weihnachstag oder vielleicht am Jahresende ihren großen Auftritt.

Guetzli / Plätzchen

Mandelknöpfe

100 g	ungeschälte ganze Mandeln
75 g	Zartbitter-Schokolade
125 g	zimmerwarme Butter
120 g	Vollrohrzucker
2	Freilandeier
250 g	Dinkel- oder Weizenweißmehl/Mehltyp 405
1 TL	Weinsteinbackpulver
2 EL	Kakaopulver
100 g	Orangeatwürfelchen
einige	Tropfen Bittermandelöl
100 g	geschälte Mandeln

1
Die Mandeln und die Schokolade grob hacken.

2
Die Butter mit dem Handrührgerät so lange rühren, bis sie weiß ist und an Volumen sichtbar zugenommen hat, das dauert etwa 10 Minuten. Den Zucker beifügen und rühren, bis er sich aufgelöst hat. Ein Ei nach dem andern zufügen, rühren, bis die Masse luftig ist.

3
Den Backofen auf 180 °C vorheizen. Das Backblech einfetten.

4
Das Mehl mit dem Backpulver und dem Kakaopulver mischen, zur Buttermasse geben, rühren, bis sich das Kakaopulver aufgelöst hat. Orangeat und Bittermandelöl unterrühren.

5
Mit zwei Teelöffeln kleine Teighäufchen auf ein eingefettetes Blech setzen, jedes mit einer geschälten Mandel garnieren.

6
Die Mandelknöpfe im vorgeheizten Ofen bei 180 °C etwa 20 Minuten backen.

Abbildung
Filigrane (oben), Rezept Seite 14
Schokotaler (Mitte rechts), Rezept Seite 13
Züri Leckerli (Mitte), Rezept Seite 13
Mandelknöpfe (unten), Rezept oben

Basler Leckerli

125 g	**ungeschälte grob gehackte Mandeln**
30 g	**Zitronatwürfelchen**
300 g	**Dinkel- oder Weizenruchmehl/Mehltyp 1050**
1 TL	**Zimtpulver**
2 Msp	**Nelkenpulver**
1 Msp	**Natron**
250 g	**Honig**
220 g	**Vollrohrzucker**
3 EL	**Kirsch**

Glasur

50 g	**Zucker**
2 EL	**Zitronensaft**

1
Mandeln, Zitronat, Mehl, Gewürze und Natron in einer Schüssel mischen, einen Kranz formen.

2
Den Honig erwärmen, den Zucker beifügen und langsam rühren, bis der Honig steigen will. Den Topf von der Wärmequelle nehmen und den Kirsch unter ständigem Rühren zufügen.

3
Die Honigmasse in die Vertiefung der Mehlmischung gießen und alles zu einem Teig kneten.

4
Den Teig halbieren und 5 mm dick ausrollen, gerade schneiden, auf ein eingefettetes Blech legen und in etwa 4 x 6 cm große Rechtecke schneiden. Die Rechtecke nicht auseinander schieben. 1 Stunde ruhen lassen.

5
Den Backofen auf 160 °C vorheizen.

6
Die beiden Rechtecke im vorgeheizten Ofen bei 160 °C etwa 25 Minuten backen. Dann die einzelnen Leckerli sogleich, solange sie noch heiß sind, nochmals durchschneiden und trennen.

7
Den Zucker im Cutter fein mahlen. Mit dem Zitronensaft verrühren. Die Leckerli noch heiß mit der Glasur einpinseln.

Anmerkung
Die Leckerli werden nach dem Auskühlen sehr hart, das muss so sein; unbedingt von Hand brechen und nicht zerbeißen.

Züri-Leckerli

Helle Leckerli
100 g **geschälte ganze Mandeln**
50 g **Honig**

Rote Leckerli
100 g **geschälte ganze Mandeln**
50 g **Honig**
1 TL **Sandelholzpulver (Drogerie)**

Braune Leckerli
100 g **geschälte ganze Mandeln**
50 g **Honig**
1 EL **Kakaopulver**

1
Für die drei Leckerlisorten Marzipan herstellen, wie im Grundrezept auf Seite 92 beschrieben.

2
Die drei Teige zwischen zwei Klarsichtfolien etwa 7 mm dick zu Vierecken ausrollen. Die Holzmodel mit kaltem Wasser abspülen, dann fest auf den Marzipan drücken. Die Leckerli ausschneiden, auf ein eingefettetes Blech legen und über Nacht trocknen lassen.

3
Backofen auf 150 °C vorheizen.

4
Die Leckerli im vorgeheizten Ofen bei 150 °C 10 bis 15 Minuten backen. Die Leckerli sollen ein wenig aufgehen, dürfen aber nicht braun werden.

Abbildung Seite 11, Mitte

Schokotaler

125 g **zimmerwarme Butter**
120 g **Vollrohrzucker**
2 **Freilandeier**
250 g **Dinkel- oder Weizenruchmehl/Mehltyp 1050**
1 TL **Weinsteinbackpulver**
2 EL **Kakaopulver**
75 g **grob gehackte dunkle Schokolade**

1
Die Butter mit dem Handrührgerät so lange rühren, bis sie weiß ist und an Volumen sichtbar zugenommen hat, das dauert etwa 10 Minuten. Den Zucker beifügen und rühren, bis er sich aufgelöst hat. Ein Ei nach dem andern zufügen und rühren, bis die Masse luftig ist.

2
Das Mehl mit dem Backpulver und dem Kakaopulver mischen und zur Buttermasse geben, rühren, bis sich das Kakaopulver aufgelöst hat. Die Schokolade untermischen.

3
Backofen auf 180 °C vorheizen.

4
Den Teig mit zwei Teelöffeln portionieren und kleine Teighäufchen auf ein eingefettetes Blech setzen.

5
Schokotaler im vorgeheizten Ofen bei 180 °C etwa 20 Minuten backen.

Abbildung Seite 11, Mitte rechts

Filigrane

100 g	**zimmerwarme Butter**
100 g	**Zucker**
1 EL	**Vanillezucker**
25 g	**Dinkel- oder Weizenweißmehl/Mehltyp 405**
½ TL	**Weinsteinbackpulver**
2 EL	**Milch**
100 g	**feine Haferflocken**

1
Die Butter mit dem Handrührgerät so lange rühren, bis sie weiß ist und an Volumen sichtbar zugenommen hat, das dauert etwa 10 Minuten. Den Zucker und den Vanillezucker dazugeben und rühren, bis sie sich beides aufgelöst hat.

2
Das Mehl mit dem Backpulver mischen und mit den restlichen Zutaten zur Buttermasse geben, zu einem Teig zusammenfügen.

3
Backofen auf 180 °C vorheizen.

4
Den Teig mit 2 Teelöffeln portionieren und kleine Teighäufchen auf ein eingefettetes Blech setzen, flach drücken.

5
Filigrane im vorgeheizten Ofen bei 180 °C etwa 10 Minuten backen, bis sie zerlaufen und die Ränder braun sind. Für eine schöne Rundung noch heiß über ein Nudelholz legen, auskühlen lassen.

Variante

Für flache Plätzchen Filigrane auf dem Blech auskühlen lassen, bis sie fest sind.

Abbildung Seite 11, oben

Linzer Wolken

100 g	zimmerwarme Butter
3 EL	flüssiger Honig
½	Freilandei
150 g	Dinkel- oder Weizenruchmehl/Mehltyp 1050
1 Msp	Weinsteinbackpulver
200 g	geriebene Haselnüsse
1 TL	Zimtpulver
1 Msp	Nelkenpulver
	Himbeerkonfitüre

1
Die Butter mit dem Handrührgerät so lange rühren, bis sie weiß ist und an Volumen sichtbar zugenommen hat, das dauert etwa 10 Minuten. Honig und halbes Ei beigeben und gut verrühren.

2
Das Mehl mit dem Backpulver mischen und unter die Buttermasse rühren. Die restlichen Zutaten zufügen, zu einem geschmeidigen Teig kneten. Den Teig in Klarsichtfolie einwickeln und rund 1 Stunde kühl stellen.

3
Den Backofen auf 180 °C vorheizen.

4
Den Teig etwa 4 mm dick ausrollen, Wolken oder Monde ausstechen, auf ein eingefettetes Blech legen.

5
Wolken im vorgeheizten Ofen bei 180 °C 8 bis 10 Minuten backen.

6
Die Hälfte der noch heißen Plätzchen sofort mit der Konfitüre bestreichen, ein zweites Plätzchen darauf legen und leicht andrücken.

Abbildung Seite 17, oben

Nusssterne

100 g	zimmerwarme Butter
3 EL	flüssiger Honig
½	Freilandei
175 g	geriebene Haselnüsse
150 g	Dinkel- oder Weizenruchmehl/Mehltyp 1050

1
Die Butter mit dem Handrührgerät so lange rühren, bis sie weiß ist und an Volumen sichtbar zugenommen hat, das dauert etwa 10 Minuten. Den Honig und das halbe Ei beifügen und gut verrühren. Die Haselnüsse und das Mehl unterrühren, zu einem geschmeidigen Teig kneten. Den Teig in Klarsichtfolie einwickeln und rund 1 Stunde kühl stellen.

2
Backofen auf 180 °C vorheizen.

3
Den Teig etwa 5 mm dick ausrollen, Sterne ausstechen, auf ein eingefettetes Blech legen.

4
Die Sterne im vorgeheizten Ofen bei 180 °C 8 bis 10 Minuten hellbraun backen.

Verzierung
Zuckerglasur mit geriebenen Haselnüssen, siehe Seite 91

Abbildung, unten links

Nussmonde

100 g	zimmerwarme Butter
3 EL	flüssiger Honig
1	Freilandei
150 g	geriebene Haselnüsse
150 g	Dinkel- oder Weizenruchmehl/Mehltyp 1050
75 g	geriebene Schokolade
1 TL	Zimtpulver

1
Die Butter mit dem Handrührgerät so lange rühren, bis sie weiß ist und an Volumen sichtbar zugenommen hat, das dauert etwa 10 Minuten. Den Honig beifügen und gut verrühren. Das Ei dazugeben und rühren, bis die Masse luftig ist. Die restlichen Zutaten unterrühren, zu einem geschmeidigen Teig kneten. Den Teig in Klarsichtfolie einwickeln und rund 1 Stunde kühl stellen.

2
Backofen auf 160 °C vorheizen.

3
Den Teig etwa 5 mm dick ausrollen, Monde ausstechen, auf ein eingefettetes Blech legen.

4
Die Monde im vorgeheizten Ofen bei 160 °C 8 bis 10 Minuten backen.

Verzierung
Zuckerglasur mit geriebenen Haselnüssen, siehe Seite 91

Abbildung, unten rechts

Vanillekipferl

140 g	**zimmerwarme Butter**
100 g	**Zucker**
1/2	**Vanilleschote, aufgeschnitten**
1	**Eiweiß von einem Freilandei**
200 g	**Dinkel- oder Weizweißmehl/Mehltyp 405**
100 g	**geriebene geschälte Mandeln**

zum Bestreuen

1/2	**Vanilleschote, aufgeschnitten**
3 EL	**Zucker**

1
Die Butter mit dem Handrührgerät so lange rühren, bis sie weiß ist und an Volumen sichtbar zugenommen hat, das dauert rund 10 Minuten. Zucker und ausgekratztes Vanillemark beifügen und rühren, bis sich der Zucker aufgelöst hat. Das Eiweiß dazugeben und die Masse rühren, bis sie cremig ist. Mehl und Mandeln unterrühren.

2
Den Teig mit bemehlten Händen zu drei Rollen von etwa 2 cm Durchmesser formen, in Klarsichtfolie einwickeln und rund 1 Stunde kühl stellen.

3
Den Backofen auf 180 °C vorheizen.

4
Die Teigrollen in knapp fingerdicke Scheiben schneiden. Mit bemehlten Händen Kipferl formen, auf ein eingefettetes Blech legen.

5
Die Kipferl im vorgeheizten Ofen bei 180 °C etwa 15 Minuten backen.

6
Zum Bestreuen das Vanillemark auskratzen, mit dem Zucker mischen. Die Kipferl noch heiß darin wenden und auf einem Gitter auskühlen lassen.

Spitzbuben

250 g	**zimmerwarme Butter**
125 g	**Zucker**
1	**Briefchen Vanillezucker**
375 g	**Dinkel- oder Weizenweißmehl/Mehltyp 405**

Füllung

½ Glas	**flüssiges Himbeergelee**

Puderzucker zum Bestäuben

1
Die Butter mit dem Handrührgerät so lange rühren, bis sie weiß ist und an Volumen sichtbar zugenommen hat, das dauert etwa 10 Minuten. Den Zucker und den Vanillezucker zufügen, rühren, bis sich beides aufgelöst hat. Das Mehl beifügen und zu einem geschmeidigen Teig kneten. Den Teig in Klarsichtfolie einwickeln und rund 1 Stunde kühl stellen.

2
Den Backofen auf 180 °C vorheizen.

3
Den Teig etwa 2 mm dick ausrollen, Rondellen von etwa 4 cm Durchmesser ausstechen. Bei der Hälfte der Rondellen ein Loch, ein Sternchen oder ein Herzchen ausstechen, auf ein eingefettetes Blech legen.

4
Die Rondellen im vorgeheizten Ofen bei 180 °C etwa 10 Minuten backen. Die «ganzen» Rondellen noch heiß mit dem Himbeergelee einpinseln. Gelochte Rondellen mit Puderzucker bestäuben und darauf legen.

Kokosnussbrezeln

75 g	**zimmerwarme Butter**
50 g	**flüssiger Honig**
1 TL	**Vanillezucker**
2	**Freilandeier**
100 g	**Dinkel- oder Weizenruchmehl/Mehltyp 1050**
1 TL	**Weinsteinbackpulver**
50 g	**geriebene Zartbitter-Schokolade**
150 g	**Kokosnussflocken**
1 Beutel	**Schokolade-Kuchenglasur**

1
Die Butter mit dem Handrührgerät so lange rühren, bis sie weiß ist und an Volumen sichtbar zugenommen hat, das dauert etwa 10 Minuten. Den Honig und den Vanillezucker beifügen und gut verrühren. Unter Rühren ein Ei nach dem anderen zufügen und weiterrühren, bis die Masse luftig ist.

2
Die restlichen Zutaten mischen und unter die Buttermasse ziehen, zu einem geschmeidigen Teig kneten. Den Teig in Klarsichtfolie einwickeln und rund 1 Stunde kühl stellen.

3
Den Backofen auf 180 °C vorheizen.

4
Aus dem Teig etwa 8 mm dicke und 10 cm lange Würstchen drehen, daraus Brezeln formen, auf ein eingefettetes Blech legen.

5
Die Brezeln im vorgeheizten Ofen bei 180 °C 10 bis 12 Minuten backen.

6
Die Schokoladeglasur in einem kleinen Gefäß im Wasserbad schmelzen. Die Brezeln zur Hälfte in die Schokolade tauchen. Auf Backpapier trocknen lassen.

Abbildung
Tag- und Nachtsterne (oben), Rezept Seite 22
Kokosnuss-Brezeln (Mitte rechts), Rezept oben
Schokolade-S (unten), Rezept Seite 23

Tag- und Nacht-Sterne

150 g	**Dinkel- oder Weizenweißmehl/Mehltyp 405**
150 g	**Dinkel- oder Weizenruchmehl/Mehltyp 1050**
150 g	**Vollrohrzucker**
200 g	**kalte Butterstückchen**
1	**Freilandei**
2 EL	**Kakaopulver**
2 EL	**Rahm/süße Sahne**

1

Die beiden Mehle und den Zucker mischen. Die Butter zufügen, mit der Mehlgemisch krümelig reiben. Das leicht geschlagene Ei unterrühren, kurz kneten, bis der Teig zusammenhält.

2

Den Teig halbieren. Eine Portion auf der Arbeitsfläche leicht flach drücken. Das Kakaopulver und den Rahm darauf verteilen. Mit den Händen rasch verkneten, bis der Teig gleichmäßig braun ist. Die beiden Teige in Klarsichtfolie einwickeln und etwa 1 Stunde kühl stellen.

3

Den Backofen auf 180 °C vorheizen.

4

Die beiden Teige getrennt etwa 4 mm dick ausrollen. Rondellen von etwa 5 cm und Sterne von etwa 3,5 cm Durchmesser ausstechen. Die dunklen Sterne auf die helle Rondellen und die hellen Sterne auf die dunklen Rondellen legen. Auf ein eingefettetes Blech legen.

6

Tag- und Nacht-Sterne im vorgeheizten Ofen bei 180 °C etwa 15 Minuten backen.

Abbildung Seite 21, oben

Orangen-Schokolade-Guetzli

100 g	Zartbitter-Schokolade
200 g	Dinkel- oder Weizenvollkornmehl
1 TL	Weinsteinbackpulver
1	Bio-Orange, abgeriebene Schale
175 g	Vollrohrzucker
1	Freilandei
2 EL	Milch
einige	Tropfen Rum-Aroma
100 g	zimmerwarme Butter

1
Die Schokolade fein hacken. Das Mehl mit dem Backpulver mischen.

2
Alle Zutaten – ohne Schokolade – zu einem geschmeidigen Teig verarbeiten. Die Schokolade einkneten. Den Teig in Klarsichtfolie einwickeln und 1 Stunde kühl stellen.

3
Backofen auf 180 °C vorheizen.

4
Teig etwa 8 mm dick zu einem Rechteck ausrollen, Rhomben schneiden, auf ein eingefettetes Blech legen.

5
Die Orangen-Schokolade-Guetzli im vorgeheizten Ofen bei 180 °C etwa 10 Minuten backen.

Schokolade-S

250 g	zimmerwarme Butter
100 g	Vollrohrzucker
2	Briefchen Vanillezucker
350 g	Dinkel- oder Weizenruchmehl/Mehltyp 1050
1	Eiweiß von einem Freilandei
3–4 EL	Wasser
1 Beutel	Schokolade-Kuchenglasur

1
Die Butter mit dem Handrührgerät so lange rühren, bis sie weiß ist und an Volumen sichtbar zugenommen hat, das dauert rund 10 Minuten. Den Zucker und den Vanillezucker zufügen und rühren, bis sich beides aufgelöst hat. Das Mehl unterrühren. Das Eiweiß zufügen, zu einem geschmeidigen Teig rühren. Das Wasser nun löffelweise zufügen. Der Teig soll nur so fest sein, dass er noch gespritzt werden kann.

2
Teig in Spritzbeutel mit gezackter Tülle (Seite 93) füllen. Große «S» auf ein eingefettetes Blech spritzen.

3
Schokolade-S im vorgeheizten Ofen bei 180 °C etwa 15 Minuten backen. Auskühlen lassen.

4
Schokoladeglasur im Wasserbad schmelzen. In eine Spritztüte füllen (s. Illustration, Seite 93). In Streifen über die «S» spritzen.

Abbildung Seite 21, unten

Spekulatius

100 g	**zimmerwarme Butter**
125 g	**Vollrohrzucker**
1	**Freilandei**
1	**Bio-Zitrone, abgeriebene Schale**
2 EL	**Zitronensaft**
1 TL	**Zimtpulver**
1 Msp	**Nelkenpulver**
1 Msp	**Kardamompulver**
250 g	**Dinkel- oder Weizenvollkornmehl**
2 TL	**Weinsteinbackpulver**
60 g	**geriebene Mandeln**

1
Die Butter mit dem Handrührgerät so lange rühren, bis sie weiß ist und an Volumen sichtbar zugenommen hat, das dauert etwa 10 Minuten. Den Zucker zufügen und rühren, bis er sich aufgelöst hat. Ei, Zitronenschalen, Zitronensaft und Gewürze zufügen und die Masse rühren, bis sie luftig ist.

2
Das Mehl mit dem Backpulver und den Mandeln mischen, zur Buttermasse geben, zu einem glatten Teig verarbeiten. Den Teig in Klarsichtfolie einwickeln und 1 Stunde kühl stellen.

3
Den Backofen auf 200 °C vorheizen.

4
Den Teig etwa 5 mm dick ausrollen, Figuren ausstechen, z. B. Schaukelpferde, auf ein eingefettetes Blech legen.

5
Spekulatius im vorgeheizten Ofen bei 200 °C 12 Minuten backen. Auskühlen lassen. Nach Belieben verzieren.

Verzierung

Schokoladeglasur (Seiten 20 und 92), Silberperlen, Mandeln

Abbildung
Gewürzbärchen (oben), Rezept Seite 28
Engelchen (unten rechts), Rezept Seite 27
Spekulatius (unten links), Rezept oben

Mailänderli

125 g	**zimmerwarme Butter**
125 g	**Zucker**
1 EL	**Vanillezucker**
1	**Freilandei**
1	**Eigelb von einem Freilandei**
1	**Bio-Zitrone, abgeriebene Schale**
250 g	**Dinkel- oder Weizenweißmehl/Mehltyp 405**
	Zum Bestreichen
2 EL	**Rahm/süße Sahne**
1	**Eigelb von einem Freilandei**

1

Die Butter mit dem Handrührgerät so lange rühren, bis sie weiß ist und an Volumen sichtbar zugenommen hat, das dauert rund 10 Minuten. Den Zucker und den Vanillezucker beifügen und rühren, bis sich beides aufgelöst hat. Das Ei und das Eigelb zufügen, rühren, bis die Masse luftig ist. Zitronenschalen und das Mehl zufügen, rasch zu einem glatten Teig verarbeiten. Den Teig in Klarsichtfolie einwickeln und etwa 1 Stunde kühl stellen.

2

Den Backofen auf 200 °C vorheizen.

3

Den Teig etwa 6 mm dick ausrollen und beliebige Figuren ausstechen, auf ein eingefettetes Blech legen. Den Rahm und das Eigelb verrühren, Guetzli damit einpinseln.

4

Die Mailänderli im vorgeheizten Ofen bei 200 °C etwa 10 Minuten backen.

Engelchen

200 g	**zimmerwarme Butter**
125 g	**Vollrohrzucker**
300 g	**Dinkel- oder Weizenvollkornmehl**
1 TL	**Weinsteinbackpulver**
2 TL	**Zimtpulver**
1 Msp	**Nelkenpulver**

1
Die Butter mit dem Handrührgerät so lange rühren, bis sie weiß ist und an Volumen sichtbar zugenommen hat, das dauert rund 10 Minuten. Den Zucker zur Buttermasse geben, so lange rühren, bis er sich aufgelöst hat.

2
Das Mehl mit dem Backpulver und den Gewürzen mischen, zur Buttermasse geben, zu einem geschmeidigen Teig kneten. Den Teig in Klarsichtfolie einwickeln, rund 1 Stunde kühl stellen.

3
Den Backofen auf 180 °C vorheizen.

4
Den Teig etwa 3 mm dick ausrollen. Engelchen ausstechen, auf ein eingefettetes Blech legen.

5
Die Engelchen im vorgeheizten Ofen bei 180 °C 10 bis 12 Minuten backen.

Verzierung
Zuckerglasur, geriebene Mandeln, Silberperlen, Schokoldeglasur (Seiten 20 und 92)

Tipp
Die Hälfte der noch heißen Engelchen mit Himbeerkonfitüre bestreichen und ein zweites Engelchen darauf legen, leicht andrücken.

Abbildung Seite 25, unten rechts

Gewürzbärchen

100 g	zimmerwarme Butter
100 g	Vollrohrzucker
1	Freilandei
½	Bio-Zitrone, abgeriebene Schale
½	Bio-Orange, abgeriebene Schale
1½ EL	Lebkuchengewürz
250 g	Dinkel- oder Weizenruchmehl/Mehltyp 1050

1
Die Butter mit dem Handrührgerät so lange rühren, bis sie weiß ist und an Volumen sichtbar zugenommen hat, das dauert rund 10 Minuten. Den Zucker zufügen und rühren, bis er sich aufgelöst hat. Nun das Ei zufügen und weiterrühren, bis die Masse luftig ist. Die restlichen Zutaten unterrühren, zu einem geschmeidigen Teig kneten. Den Teig in Klarsichtfolie einwickeln und rund 1 Stunde kühl stellen.

2
Den Backofen auf 180 °C vorheizen.

3
Den Teig etwa 3 mm dick ausrollen. Bärchen ausstechen, auf ein eingefettetes Blech legen.

4
Die Bärchen im vorgeheizten Ofen bei 180 °C 10 bis 12 Minuten backen.

Verzierung
Zuckerglasur (Seite 91), Nonpareilles.

Abbildung Seite 25 oben

Kleingebäck

Nonne-Fürzli

500 g	**Dinkel- oder Weizenruchmehl/Mehltyp 1050**
2 EL	**Lebkuchengewürz**
1	**Bio-Orange, abgeriebene Schale**
85 g	**Vollrohrzucker**
1½ TL	**Natron**
1,5 dl/150 ml	**warme Milch**
250 g	**dickflüssiger Honig**
	Marzipan
150 g	**geschälte ganze Mandeln**
75 g	**Honig**
	Glasur
30 g	**Gummiarabikum (Drogerie)**
½ dl/50 ml	**Wasser**

1
Mehl, Lebkuchengewürz, Orangenschalen und Zucker mischen.

2
Natron mit einem Esslöffel warmer Milch verrühren und zum Mehl geben. Die restliche Milch und den Honig zufügen, gut verrühren, zu einem geschmeidigen Teig kneten. Je nach Konsistenz des Honigs braucht es noch etwas mehr Mehl. Den Teig in Klarsichtfolie einwickeln und rund 1 Stunde ruhen lassen.

3
Marzipan herstellen, wie im Grundrezept auf Seite 92 beschrieben.

4
Den Backofen auf 200 °C vorheizen.

5
Den Teig etwa 3 mm dick zu einem schmalen Rechteck ausrollen. Marzipan zu einer Rolle von etwa 7 mm Durchmesser formen, auf den Teig legen, satt in den Teig einrollen. Aus der Rolle 5 cm breite Stücke schneiden, auf ein eingefettetes Blech legen.

6
Die Nonne-Fürzli im vorgeheizten Ofen bei 200 °C etwa 15 Minuten backen.

7
Gummiarabikum mit dem Wasser in ein Pfännchen geben und unter Rühren so lange kochen lassen, bis es sich aufgelöst hat. Die Nonne-Fürzli unmittelbar nach dem Backen damit einpinseln.

Abbildung Seite 33, oben

Lebkuchen-Petit-Fours

Teig

100 g	**zimmerwarme Butter**
3 EL	**flüssiger Honig**
1	**Freilandei**
125 g	**geriebene Haselnüsse**
125 g	**Dinkel- oder Weizenvollkornmehl**

Lebkuchencreme

300 g	**Rahm-/Sahnequark**
4 EL	**Vollrohrzucker**
1 EL	**Lebkuchengewürz**

1
Die Butter mit dem Handrührgerät so lange rühren, bis sie weiß ist und an Volumen sichtbar zugenommen hat, das dauert rund 10 Minuten. Zuerst den Honig, dann das Ei unter die Butter rühren, weiterrühren, bis die Creme luftig ist. Die Haselnüsse und das Mehl zufügen, zu einem geschmeidigen Teig kneten. Den Teig in Klarsichtfolie einwickeln und etwa 1 Stunde kühl stellen.

2
Den Backofen auf 180 °C vorheizen.

3
Den Teig 3 bis 5 mm dick ausrollen, Rondellen von etwa 3 cm Durchmesser (je nach Förmchengröße) ausstechen, in die eingefetteten Förmchen legen. Im vorgeheizten Ofen bei 180 °C etwa 12 Minuten backen.

4
Für die Füllung Quark, Zucker sowie Lebkuchengewürz gut verrühren, die «Teigkörbchen» kurz vor dem Servieren damit füllen.

Abbildung Seite 35, Mitte

Gewürzmuffins

150 g	getrocknete Früchte, z. B. Feigen, Datteln
250 g	Dinkel- oder Weizenruchmehl/Mehltyp 1050
3 TL	Weinsteinbackpulver
120 g	Honig
½ TL	Meersalz
1 TL	Lebkuchengewürz
½ TL	Zimtpulver
1	Freilandei
½	Bio-Orange, abgeriebene Schale
60 g	flüssige Butter
2,5 dl/250 ml	Buttermilch

1
Trockenfrüchte klein schneiden.

2
Mehl, Backpulver, Honig, Salz und Gewürze mischen.

3
Ei, Orangenschalen, Butter und Buttermilch verquirlen, mit den Trockenfrüchten zur Mehlmischung geben, kurz vermengen, nur so lange, bis alles gut gemischt ist.

4
Backofen auf 180 °C vorheizen.

5
Kleine Papierbackförmchen oder eingefettete Blechförmchen bis zu zwei Drittel mit dem Teig füllen.

6
Die Muffins im vorgeheizten Ofen bei 180 °C 25 Minuten backen.

Abbildung nebenan, unten

Winterriegel

30 g	ungeschälte ganze Mandeln
2 EL	Sonnenblumenkerne
300 g	getrocknete Früchte, z. B. Aprikosen, Pflaumen, Pfirsiche, Feigen
4 EL	Kokosnussraspeln
120 g	Vollrohrzucker
2 EL	Rum
½	Zitrone, Saft
½ TL	Zimtpulver
100 g	Dinkel- oder Weizenvollkornmehl
100 g	Haferflocken
2 Msp	Weinsteinbackpulver
150 g	Magerquark

1
Die Mandeln grob hacken, zusammen mit den Sonnenblumenkernen rösten. Die getrockneten Früchte klein würfeln.

2
Alle Zutaten vermengen, mit den Händen zu einer kompakten, feuchten Masse kneten.

3
Backofen auf 150 °C vorheizen.

4
Den Teig etwa 15 mm dick ausrollen, 3 cm breite und 8 cm lange Riegel schneiden, auf ein eingefettetes Blech legen.

5
Die Riegel im vorgeheizten Ofen bei 150 °C etwa 30 Minuten backen.

Abbildung Seite 35, unten

Ingwertörtchen

50 g	**kandierter Ingwer**
100 ml/1 dl	**Wasser**
50 g	**Vollrohrzucker**
100 g	**Zartbitter-Schokolade**
1 Stück	**frische Ingwerwurzel**
150 g	**zimmerwarme Butter**
100 g	**flüssiger Honig**
1 EL	**Vanillezucker**
4	**Freilandeier**
200 g	**Dinkel- oder Weizenvollkornmehl**
2 TL	**Weinsteinbackpulver**
	zum Bestreichen
3 EL	**Ingwersirup (vom kandierten Ingwer)**
2 EL	**Whisky**
1 EL	**Zitronensaft**

1
Kandierten Ingwer fein hacken, mit dem Wasser und dem Zucker 5 Minuten bei starker Hitze kochen, auskühlen lassen.

2
Den frischen Ingwer schälen und auf der Bircher-Rohkostreibe fein reiben. Die Schokolade ebenfalls reiben.

3
Den Backofen auf 180 °C vorheizen. Kleine Portionenförmchen einfetten.

4
Die Butter mit dem Handrührgerät so lange rühren, bis sie weiß ist und an Volumen sichtbar zugenommen hat, das dauert rund 10 Minuten. Den Honig und den Vanillezucker beifügen und rühren, bis sich beides aufgelöst haben. Ein Ei nach dem andern zur Masse geben und zu einer luftigen Creme rühren. Geriebene Schokolade, Ingwerstückchen, geriebenen Ingwer und 3 Esslöffel Ingwersirup unterrühren. Das Mehl mit dem Backpulver mischen und unterheben. Teig in die Portionenförmchen füllen.

5
Ingwertörtchen im vorgeheizten Ofen bei 180 °C etwa 20 Minuten backen.

6
Ingwersirup, Whisky sowie Zitronensaft verrühren und die noch warmen Törtchen damit einpinseln.

Abbildung
Ingwertörtchen (oben), Rezept oben
Lebkuchen-Petits-Fours (Mitte), Rezept Seite 31
Winterriegel (unten), Rezept Seite 32

Gefüllte Lebkuchenherzen

Teig

1½	**TL Natron**
2 EL	**warme Milch**
500 g	**Dinkel- oder Weizenruchmehl/Mehltyp 1050**
2 EL	**Lebkuchengewürz**
85 g	**Vollrohrzucker**
1,25 dl/125 ml	**Milch**
125 g	**Honig**
125 g	**Birnendicksaft**

Marzipan

250 g	**geschälte ganze Mandeln**
125 g	**Honig**
1	**Eiweiß von einem Freilandei**

Glasur

30 g	**Gummiarabikum (Drogerie)**
½ dl/50 ml	**Wasser**

1

Das Natron mit der Milch verrühren.

2

Sämtliche Zutaten zu einem geschmeidigen Teig kneten, in Klarsichtfolie einwickeln und etwa 1 Stunde kühl stellen.

3

Marzipan herstellen: siehe Grundrezept auf Seite 92.

4

Den Backofen auf 180 °C vorheizen.

5

Den Lebkuchenteig 5 mm dick ausrollen, Herzen ausstechen, die Hälfte auf ein eingefettetes Blech legen. Marzipan 3 mm dick ausrollen, 2 cm kleiner als die Teigherzen ausstechen und auf die Teigherzen legen. Den Rand mit Wasser bepinseln, die restlichen Teigherzen darauf legen. Die Ränder gut andrücken.

6

Die Lebkuchenherzen im vorgeheizten Ofen bei 180 °C etwa 20 Minuten backen.

7

Gummiarabikum mit dem Wasser in ein Pfännchen geben, unter Rühren so lange kochen lassen, bis es sich aufgelöst hat. Die Lebkuchen unmittelbar nach dem Backen damit bepinseln.

Pikantes Gebäck

Pikante Spitzbubensterne

	Mürbeteig
200 g	**Dinkel- oder Weizenweißmehl/Typ 405**
1 TL	**Meersalz**
1 Prise	**frisch gemahlener Pfeffer**
1 Prise	**frisch geriebene Muskatnuss**
140 g	**kalte Butterstückchen**
1	**Freilandei, verquirlt**
	Paprikapulver
	Füllung
100 g	**Schinken**
125 g	**Frischkäse**
2 Bund	**Schnittlauch**
	frisch gemahlener Pfeffer

1
Mehl und Gewürze mischen, Butter zufügen, mit dem Mehl krümelig reiben. Das Ei zufügen, kurz kneten, aber nur so lange, bis der Teig zusammenhält. Den Teig rund 30 Minuten kühl stellen.

2
Den Backofen auf 200 °C vorheizen.

3
Den Teig etwa 4 mm dick ausrollen. Mit einer Sternform Plätzchen ausstechen. Bei der Hälfte der Plätzchen in der Mitte einen kleinen Stern ausstechen.

4
Die Sterne im vorgeheizten Ofen bei 200 °C etwa 10 Minuten backen. Auskühlen lassen. Gelochte Plätzchen großzügig mit Paprika bestreuen.

5
Für die Füllung den Schinken im Cutter pürieren. Mit dem Frischkäse vermengen. Den Schnittlauch fein schneiden und untermischen. Mit Pfeffer würzen.

6
Auf die «ganzen» Plätzchen großzügig die Füllung verteilen, mit den gelochten Plätzchen bedecken.

Abbildung
Aperitif-Tännchen (oben und unten),
Rezept Seite 40
Pikante Spitzbubensterne (Mitte)

Aperitif-Tännchen

Käsemürbeteig

200 g	**Dinkel- oder Weizenvollkornmehl**
125 g	**geriebener Greyerzer Käse**
	Meersalz
	frisch gemahlener Pfeffer
	frisch geriebene Muskatnuss
140 g	**kalte Butterstückchen**
3 EL	**saurer Halbrahm/saure Sahne**

zum Ausrollen

100 g	**geriebener Greyerzer Käse**
2 EL	**Dinkel- oder Weizenvollkornmehl**

1
Mehl und Käse mischen, mit Salz, Pfeffer und Muskatnuss würzen, die Butterstücken zufügen, mit der Mehl-Käse-Mischung krümelig reiben. Den Sauerrahm zufügen, kurz kneten, aber nur so lange, bis der Teig zusammenhält.

2
Den Backofen auf 200 °C vorheizen.

3
Geriebenen Käse und Mehl mischen, auf die Arbeitsfläche streuen. Den Teig darauf etwa 4 mm dick ausrollen. Tannenbäumchen oder andere weihnächtliche Motive ausstechen.

4
Die Tannenbäumchen im vorgeheizten Ofen bei 200 °C etwa 12 Minuten knusprig backen. Warm oder kalt servieren.

Abbildung Seite 39, oben und unten

Zopfstern

40 g	**Hefe**
1 EL	**Vollrohrzucker**
½ l	**Milch**
1 dl/100 g	**Rahm/süße Sahne**
50 g	**Butter**
1	**Freilandei**
1 kg	**Dinkel- oder Weizenweißmehl/Mehltyp 405**
1 TL	**Meersalz**

zum Bestreichen

1	**Eigelb von einem Freilandei**
1 EL	**Milch**

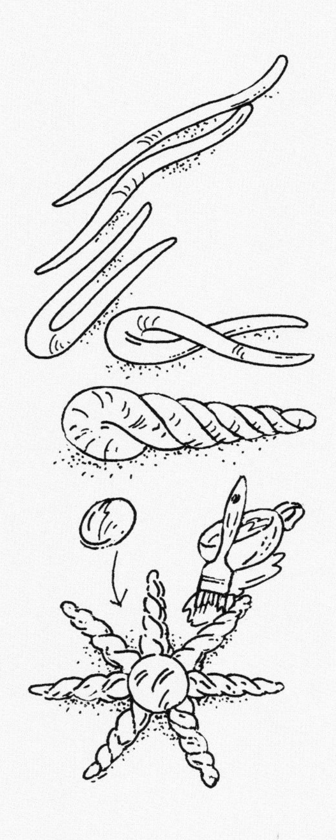

1
Die Hefe mit dem Zucker flüssig rühren.

2
Milch, Rahm und Butter erwärmen, bis die Butter geschmolzen ist. Das Ei beifügen und gut verquirlen.

3
Das Mehl und das Salz mischen. Aufgelöste Hefe und die Butter-Rahm-Milch zufügen und während mindestens 10 Minuten zu einem geschmeidigen Teig kneten. Teig zugedeckt an einem warmen Ort auf das doppelte Volumen aufgehen lassen.

4
Den Teig in 8 gleich große Portionen teilen. 7 Portionen in Stränge von ca. 40 cm Länge drehen, an den Enden etwas auslaufend. Die Teigstränge zusammenlegen und jeden einzeln wie eine Kordel drehen. Die «Teigkordeln» sternförmig auf ein eingefettetes Blech legen, die dicken Enden stoßen in der Mitte aneinander. Aus dem restlichen Teig eine Kugel formen und in die Mitte auf die Kordeln legen, gut andrücken, dabei etwas flach drücken. Siehe Illustration. Das Eigelb mit der Milch glatt rühren und den Stern damit bepinseln. Nochmals 20 Minuten gehen lassen.

5
Den Backofen auf 200 °C vorheizen.

6
Den Zopfstern im vorgeheizten Ofen bei 200 °C etwa 50 Minuten backen.

Festlicher Zopf-Knopf

20 g	**Hefe**
1 EL	**Vollrohrzucker**
3 dl/300 ml	**Milch**
50 g	**Butter**
1	**Freilandei**
500 g	**Weizen- oder Dinkelvollkornmehl**
1 TL	**Meersalz**
	zum Bestreichen
1	**Eigelb von einem Freilandei**
1 EL	**Milch**

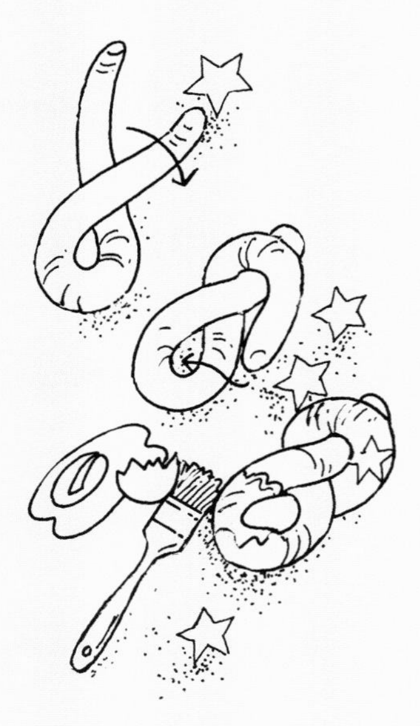

1
Die Hefe mit dem Zucker flüssig rühren.
2
Die Milch und die Butter erwärmen, bis die Butter geschmolzen ist. Das Ei zufügen und gut rühren.
3
Das Mehl und das Salz mischen. Die aufgelöste Hefe und die Butter-Milch zufügen, während mindestens 10 Minuten zu einem geschmeidigen Teig kneten. Den Teig zugedeckt an einem warmen Ort auf das doppelte Volumen aufgehen lassen.
4
Ein wenig Teig etwa 1 cm dick ausrollen und Sterne ausstechen. Den restlichen Teig zu einem etwa 5 cm dicken Strang drehen. Daraus einen Knopf formen. Siehe Illustration. Ganz am Schluss die beiden Enden nach unten einschlagen. Nochmals 20 Minuten gehen lassen.
5
Den Backofen auf 200 °C vorheizen.
6
Das Eigelb mit der Milch verrühren, den Knopf damit bepinseln. Die Sterne darauf legen, wenig andrücken und ebenfalls mit Ei bepinseln.
7
Den Zopf-Knopf im vorgeheizten Ofen bei 200 °C etwa 45 Minuten backen.

Stern-Fladenbrot

für eine Sternform
von 26 cm Durchmesser

20 g	**Hefe**
½ l	**warmes Wasser**
400 g	**Dinkel- oder Weizenvollkornmehl**
1 EL	**Meersalz**
1 EL	**Mohnsamen**
1 EL	**Sesamsamen**
1 EL	**Kümmelsamen**

1
Die Hefe mit zwei Esslöffeln warmem Wasser flüssig rühren. 4 Esslöffel Mehl zufügen, zu einem Teiglein rühren. 30 Minuten zugedeckt gehen lassen.

2
Restliches Mehl, Wasser und Salz zu einem glatten, flüssigen Teig rühren, das Hefeteiglein unterrühren. Den zähflüssigen Teig an einem warmen Ort auf das doppelte Volumen aufgehen lassen.

3
Die Form gut einfetten. Den Teig in die Form gießen und glatt streichen. Die Oberfläche zu je einem Drittel mit Mohn, Sesam und Kümmel bestreuen.

4
Das Stern-Fladenbrot im vorgeheizten Ofen bei 230 °C etwa 30 Minuten backen.

Abbildung Seite 45, Mitte

Stern-Brioche

für eine Brioche-Form
von ca. 24 cm Durchmesser

40 g	**Hefe**
4 EL	**Vollrohrzucker**
3	**verquirlte Freilandeier**
500 g	**Weizen- o. Dinkelvollkornmehl**
1 TL	**Meersalz**
100 ml/1 dl	**lauwarme Milch**
200 g	**zimmerwarme Butter**

1
Hefe mit einem Esslöffel Zucker flüssig rühren.

2
Mehl, Salz und restlichen Zucker mischen. Hefe, Milch und Eier unterrühren, die Butter unterrühren. Den Teig so lange schlagen, bis er Blasen wirft und seidig glänzt. Zugedeckt an einem warmen Ort 2 bis 3 Stunden oder noch besser über Nacht im Kühlschrank gehen lassen.

3
Den Teig nochmals kurz kneten. Wenig Teig etwa 1 cm dick ausrollen und 8 Sterne ausstechen. Den restlichen Teig zu einer großen Kugel formen, in die eingefettete Form legen. Das Eigelb mit der Milch verrühren, die Teigoberfläche damit bepinseln, die Sterne darauf kleben, ebenfalls bepinseln. Brioche nochmals 30 Minuten gehen lassen.

4
Brioche im vorgeheizten Ofen bei 200 °C etwa 35 Minuten backen.

Olivenbrot-Engel

150 g	**entsteinte grüne und schwarze Oliven**
1	**mittelgroße Zwiebel**
1	**Knoblauchzehe**
40 g	**Hefe**
4 dl/400 ml	**warmes Wasser**
300 g	**Dinkel- oder Weizenvollkornmehl**
350 g	**Dinkel- oder Weizenweißmehl/Mehltyp 405**
1½ TL	**Meersalz**
1 EL	**Provence-Kräutermischung, z. B. Oregano, Estragon, Thymian**

Verzierung

1	**Eiweiß von einem Freilandei**
	Mohnsamen, Sesamsamen, Kümmelsamen, Sonnenblumenkerne

1
Oliven, Zwiebel und Knoblauchzehe fein hacken.

2
Die Hefe mit 3 Esslöffeln warmem Wasser flüssig rühren.

3
Mehle, Salz sowie Kräutermischung mischen. Flüssige Hefe, restliches Wasser und alle gehackten Zutaten beifügen, während mindestens 10 Minuten zu einem geschmeidigen Teig kneten. Den Teig zugedeckt an einem warmen Ort auf das doppelte Volumen aufgehen lassen.

4
Den Teig etwa 3 cm dick ausrollen. Mit einer mindestens 16 cm großen Form Engel oder andere Motive ausstechen. Diese nochmals rund 20 Minuten gehen lassen. Nach Belieben die Flügel mit Eiweiß bepinseln und mit Mohn, Sesam und Kümmel bestreuen. Die Figuren mit Sonnenblumenkernen verzieren.

5
Den Backofen auf 200 °C vorheizen.

6
Die Olivenbrot-Engel im vorgeheizten Ofen bei 200 °C etwa 45 Minuten backen.

Abbildung
Brunchmond (oben), Rezept Seite 46
Stern-Fladenbrot (Mitte), Rezept Seite 43
Olivenbrot-Engel (unten), Rezept oben

Greetings

Brunchmond

20 g	**Hefe**
1 EL	**Vollrohrzucker**
3 dl/300 ml	**Milch**
50 g	**Butter**
1	**Freilandei**
500 g	**Dinkel- oder Weizenruchmehl/Mehltyp 1050**
1 EL	**Meersalz**
75 g	**grob gehackte Baumnuss-/ Walnusskerne**

Zum Bestreichen

1	**Eigelb von einem Freilandei**
1 EL	**Milch**

Füllung

1 Bund	**Schnittlauch**
2	**hart gekochte Eier**
200 g	**Cottage Cheese/Hüttenkäse**
	Meersalz
	frisch gemahlener Pfeffer

1
Die Hefe und den Zucker flüssig rühren.

2
Die Milch und die Butter erwärmen, bis die Butter geschmolzen ist. Das Ei dazugeben und gut verrühren.

3
Das Mehl und das Salz mischen, die flüssige Hefe und die Butter-Milch zufügen, während mindestens 10 Minuten zu einem geschmeidigen Teig kneten. Die Nüsse zufügen und den Teig nochmals kurz kneten. Zugedeckt an einem warmen Ort auf das doppelte Volumen aufgehen lassen.

4
Den Teig etwa 5 cm dick ausrollen und von Hand einen Mond formen, mit Hilfe eines Springformrandes schön ausstechen. Nochmals 20 Minuten gehen lassen.

5
Den Backofen auf 200 °C vorheizen.

6
Das Eigelb mit der Milch verrühren und den Mond damit bepinseln.

7
Mond im vorgeheizten Ofen bei 200 °C etwa 30 Minuten backen. Erkalten lassen.

8
Für die Füllung den Schnittlauch fein schneiden. Die Eier hacken. Beides mit dem Cottage Cheese vermengen. Abschmecken.

9
Den ausgekühlten Mond quer durchschneiden und füllen.

Abbildung Seite 45, oben

Kuchen Cakes Fladen

Marzipan-Lebkuchen-Herz

für 2 gefüllte Herzen
von 20 bis 25 cm Länge

500 g	**Dinkel- oder Weizenruchmehl/Mehltyp 1050**
2 EL	**Lebkuchengewürz**
1	**Bio-Orange, abgeriebene Schale**
85 g	**Vollrohrzucker**
1½ TL	**Natron**
1,5 dl/150 ml	**warme Milch**
250 g	**dickflüssiger Honig**
	Marzipan
100 g	**geschälte ganze Mandeln**
100 g	**Vollrohrzucker**
½	**Eiweiß**
ein paar	**Tropfen Bittermandelöl**
	zum Bepinseln
30 g	**Gummiarabikum (Drogerie)**
½ dl/50 ml	**Wasser**

1
Mehl, Lebkuchengewürz, Orangenschalen und Zucker mischen.

2
Das Natron in einem Esslöffel warmer Milch auflösen und zur Mehlmischung geben. Die restliche Milch und den Honig zufügen, gut rühren und zu einem geschmeidigen Teig kneten. Je nach Beschaffenheit des Honigs braucht es noch etwas mehr Mehl. Den Teig in Klarsichtfolie einwickeln und etwa 1 Stunde ruhen lassen.

3
Marzipan herstellen, wie im Grundrezept auf Seite 92 beschrieben.

4
Den Backofen auf 200 °C vorheizen.

5
Lebkuchenteig etwa 6 mm dick ausrollen. Herzen von 20 bis 25 cm Länge ausstechen oder nach Schablone ausschneiden. Marzipan etwa 3 mm dick ausrollen, 2 Herzen ausstechen oder ausschneiden, die 1 cm kleiner als die Lebkuchenherzen sind, auf die Teigherzen legen. Die Teigränder mit Wasser bepinseln, das zweite Teigherz darauf legen. Die Ränder gut andrücken.

6
Die Lebkuchenherzen im vorgeheizten Ofen bei 200 °C etwa 15 Minuten backen.

7
Gummiarabikum mit dem Wasser in ein Pfännchen geben und unter Rühren so lange kochen lassen, bis es sich aufgelöst hat. Die Lebkuchen sofort nach dem Backen noch warm damit bepinseln. Auskühlen lassen und verzieren.

Verzierung
Puderzuckerglasur (Seite 91), Nonpareilles

Abbildung Seite 51, links

Haselnuss-Lebkuchen-Tannenbäume

ergibt 4 Tannen

	Teig
500 g	**Dinkel- oder Weizenruchmehl/Mehltyp 1050**
2 EL	**Lebkuchengewürz**
80 g	**geriebene Haselnüsse**
250 g	**Vollrohrzucker**
1½ TL	**Natron**
1,5 dl/150 ml	**warme Milch**
150 g	**dickflüssiger Honig**
50 g	**zimmerwarme Butter**
	Füllung
125 g	**geriebene Haselnüsse**
125 g	**Vollrohrzucker**
5 EL	**Rahm/süße Sahne**
	zum Bepinseln
30 g	**Gummiarabikum (Drogerie)**
½ dl/50 ml	**Wasser**

1
Mehl, Lebkuchengewürz, Haselnüsse und Zucker mischen.

2
Das Natron in einem Esslöffel warmer Milch auflösen und zur Mehlmischung geben. Restliche Milch, Honig und Butter zufügen, gut vermengen und zu einem geschmeidigen Teig kneten. Je nach Konsistenz des Honigs braucht es eventuell etwas mehr Mehl. Den Teig in Klarsichtfolie einwickeln, etwa1 Stunde ruhen lassen.

3
Für die Füllung Haselnüsse, Zucker und Rahm gut vermengen.

4
Den Backofen auf 200 °C vorheizen.

5
Den Lebkuchenteig etwa 6 mm dick ausrollen. 8 Tannenbäume von 20 bis 25 cm Höhe ausstechen oder nach Schablone ausschneiden, die Hälfte der Tannenbäume auf ein eingefettetes Blech legen, die Füllung auf den Tannen verteilen, dabei einen 5 mm breiten Rand frei lassen. Die Teigränder mit Wasser bepinseln, zweite Tanne darauf legen. Die Ränder gut andrücken.

6
Die Tannenbäume im vorgeheizten Ofen bei 200 °C etwa 15 Minuten backen.

7
Gummiarabikum mit dem Wasser in ein Pfännchen geben und unter Rühren so lange kochen lassen, bis es sich aufgelöst hat. Die Lebkuchen sofort nach dem Backen noch warm damit bepinseln. Auskühlen lassen und verzieren.

Verzierung
Puderzuckerglasur (Seite 91), Silberperlen, Zuckermimosen, Nonpareilles

Abbildung Seite 51, rechts

Luzerner Lebkuchen-Stern

für eine Sternform oder eine Springform von ca. 24 cm Durchmesser

1 dl/100 g	**Rahm/süße Sahne**
130 g	**Birnenhonig oder Birnendicksaft**
3 EL	**Obstbranntwein oder Kirsch**
100 g	**Vollrohrzucker**
3 TL	**Lebkuchengewürz**
1½ TL	**Natron**
1 dl/100 ml	**Milch**
70 g	**Butter**
350 g	**Dinkel- oder Weizenruchmehl/Mehltyp 1050**
1 Prise	**Meersalz**
25 g	**Orangeat**
25 g	**Zitronat**

1
Den Rahm leicht schlagen, Birnenhonig, Obstbranntwein, Zucker und Lebkuchengewürz unterrühren.

2
Das Natron in einem Esslöffel Milch auflösen.

3
Die restliche Milch mit der Butter erwärmen, bis diese geschmolzen ist.

4
Den Backofen auf 200 °C vorheizen. Die Backform einfetten.

5
Mehl, Salz, Rahmmischung, Butter-Milch und aufgelöstes Natron in eine Schüssel geben. Orangeat und Zitronat beifügen, alles gut mischen und zu einem geschmeidigen, zähflüssigen Teig verarbeiten. In die vorbereitete Form füllen.

6
Den Lebkuchenstern im vorgeheizten Ofen bei 200 °C 35 bis 40 Minuten backen. Auskühlen lassen und verzieren.

Verzierung

Marzipansterne, siehe Grundrezept auf Seite 92.

Abbildung

Luzerner Lebkuchenstern, Rezept oben

Marzipan-Lebkuchen-Herz, Rezept Seite 48

Haselnuss-Lebkuchen-Tanne, Rezept Seite 49

Honeybread

für eine Cakeform von 26 cm Länge

125 g	**Vollrohrzucker**
2	**Freilandeier**
50 g	**zimmerwarme Butter**
1 EL	**Kakaopulver**
2 EL	**Zimtpulver**
½ TL	**Nelkenpulver**
200 g	**flüssiger Honig**
60 g	**Dinkel- oder Weizenvollkornmehl**
2 TL	**Weinsteinbackpulver**
½ dl/50 ml	**Milch**
200 g	**ganze Haselnüsse**

Krokant (Überzug)

100 g	**Vollrohrzucker**
100 g	**ganze Haselnüsse**
4 EL	**Honig**

1
Den Zucker und die Eier zu einer luftigen Masse rühren. Die Butter beifügen und kurz rühren. Kakaopulver, Gewürze und Honig unterrühren.

2
Den Backofen auf 180 °C vorheizen. Die Cakeform einfetten. Das Mehl und das Backpulver mischen, unter die Masse rühren, zu einem geschmeidigen Teig kneten. Die Milch und die ganzen Haselnüsse unterrühren. Den Teig in die vorbereitete Form füllen.

3
Honeybread im vorgeheizten Ofen bei 180 °C rund 60 Minuten backen. Auskühlen lassen.

4
Für den Krokant Zucker bei mittlerer Hitze karamellisieren, die ganzen Nüsse beifügen und darin wenden. Die Masse auf ein eingefettetes Blech geben und auskühlen lassen. Dann mit der Handmühle fein reiben.

5
Kuchen mit Honig bepinseln, Krokant darüber streuen.

Abbildung Seite 55, oben

Moist Gingerbread

für eine Cakeform von 26 cm Länge

1 TL	**Natron**
3 EL	**Milch**
100 g	**Butter**
200 g	**Honig**
1 dl/100 ml	**Milch**
2	**Freilandeier**
1 Stück	**frische Ingwerwurzel**
250 g	**Dinkel- oder Weizenvollkornmehl**
50 g	**Vollrohrzucker**
1 TL	**Lebkuchengewürz**

1
Das Natron mit der Milch verrühren.

2
Die Butter mit dem Honig in ein Pfännchen geben und unter Rühren bei schwacher Hitze schmelzen. Die Pfanne von der Wärmequelle nehmen, die Milch unterrühren, 5 Minuten stehen lassen, dann die verquirlen Eier und die Natronmilch unterrühren.

3
Den Backofen auf 180 °C vorheizen. Die Cakeform einfetten.

4
Die Ingwerwurzel schälen und auf der Bircher-Rohkostreibe fein reiben.

5
Mehl, Zucker, Lebkuchengewürz und geriebenen Ingwer mischen. Die Eiermasse beifügen und zu einem eher flüssigen Teig rühren. Den Teig in die vorbereitete Cakeform gießen.

6
Moist Gingerbread im vorgeheizten Ofen bei 180 °C rund 50 Minuten backen.

Tipp
Nach Möglichkeit Kuchen vor dem Anschneiden in einer Blechdose 2 bis 3 Tage ruhen lassen. Erst dann entfalten die Gewürze ihr volles Aroma.

Abbildung Seite 55, Mitte

Omas Hutzlebrot

für eine große Cakeform
von 30 cm Länge oder
2 kleine Cakeformen von
etwa 20 cm Länge

125 g	**getrocknete Apfelstückchen**
8	**getrocknete Pflaumen**
4	**getrocknete Feigen**
100 g	**ungeschälte ganze Mandeln**
50 g	**Baumnuss-/Walnusskerne**
100 g	**Weinbeeren**
100 g	**Korinthen**
4 EL	**Orangenlikör**
20 g	**Hefe**
1 EL	**Vollrohrzucker**
250 g	**Dinkel- oder Weizenruchmehl/Mehltyp 1050**
2 TL	**Zimtpulver**
½ TL	**Anispulver**
1 Msp	**Nelkenpulver**
1 Msp	**Kardamom**
100 g	**gemischte kandierte Fruchtwürfelchen**

1
Die Apfelstückchen einige Stunden in kaltem Wasser einweichen. Anschließend im Einweichwasser während rund 30 Minuten weich kochen, im Sud auskühlen lassen. Die Apfelstückchen mit einem Schaumlöffel herausnehmen, den Sud aufbewahren.

2
Die Pflaumen und die Feigen klein würfeln. Die Mandeln und die Baumnüsse grob hacken.

3
Die Weinbeeren und die Korinthen im Orangenlikör marinieren.

4
Die Hefe mit dem Zucker flüssig rühren.

5
Das Mehl in eine Schüssel geben. Die aufgelöste Hefe und etwa 100 ml/1 dl Einweichwasser der Äpfel sowie alle Gewürze beifügen, gut verrühren. Sämtliche Früchte und Nüsse zufügen, den Teig kräftig kneten. Zugedeckt über Nacht aufgehen lassen.

5
Den Teig nochmals gut kneten. In eine oder zwei eingefettete Cakeformen füllen. Nochmals 30 Minuten gehen lassen.

6
Den Backofen auf 170 °C vorheizen.

7
Das Hutzlebrot im vorgeheizten Ofen bei 170 °C etwa 50 Minuten backen. Von Zeit zu Zeit mit dem Einweichwasser der Äpfel einpinseln.

Tipp

Das Hutzlebrot vor dem Anschneiden mindestens 2 Tage ruhen lassen. Das Brot ist 2 Wochen haltbar.

Abbildung
Honeybread (oben), Rezept Seite 52
Moist Gingerbread (Mitte), Rezept Seite 53
Omas Hutzlebrot (unten), Rezept oben

Weihnachtsstollen

für 2 Stollen

Hefeteig

150 g	**Rosinen**
½ dl/50 ml	**Rum**
40 g	**Hefe**
1 EL	**Vollrohrzucker**
1 dl/100 ml	**Milch**
250 g	**Butter**
2	**Freilandeier**
600 g	**Dinkel- oder Weizenruchmehl/ Mehltyp 1050**
50 g	**Vollrohrucker**
1 Beutel	**Vanillezucker**
1 Prise	**Meersalz**
½ TL	**Zimtpulver**
½ TL	**Kardamom**
100 g	**ungeschälte Mandeln**
50 g	**Zitronat**
50 g	**Orangeat**

Überzug

50 g	**flüssige Butter**
50 g	**Vollrohrzucker**

1
Die Rosinen im Rum einlegen. Die Mandeln grob hacken.

2
Die Hefe mit dem Zucker verrühren, bis sie flüssig ist.

3
Die Milch mit der Butter erwärmen, bis die Butter geschmolzen ist. Die Eier unterrühren.

4
Das Mehl in eine Schüssel geben. Zucker, flüssige Hefe, Butter-Milch und sämtliche Gewürze unterrühren, während mindestens 10 Minuten zu einem geschmeidigen Teig kneten. Rosinen mit Rum, gehackte Mandeln, Orangeat und Zitronat einkneten. Zugedeckt an einem warmen Ort auf das doppelte Volumen aufgehen lassen.

5
Den Teig halbieren, 2 Stollen formen (siehe Bild). Auf ein eingefettetes legen, etwa 1 Stunde an einem warmen Ort gehen lassen.

6
Den Backofen auf 180 °C vorheizen.

7
Die Stollen im vorgeheizten Ofen bei 180 °C etwa 50 Minuten backen, ab und zu mit flüssiger Butter bepinseln.

8
Die Stollen aus dem Ofen nehmen und sogleich mit der restlichen Butter bepinseln. Den Zucker im Cutter mahlen und die noch heißen Stollen damit bestreuen.

Abbildung nebenan, rechts

Mohnstollen

ergibt 2 Stollen

Hefeteig

40 g	**Hefe**
1 EL	**Vollrohrzucker**
3,5 dl/350 ml	**Milch**
250 g	**Butter**
2	**Freilandeier**
1 kg	**Dinkel- oder Weizenruchmehl/Mehltyp 1050**
200 g	**Vollrohrzucker**
1 Prise	**Meersalz**
1	**Bio-Zitrone, abgeriebene Schale**

Füllung

250 g	**Mohnsamen**
3,5 dl/350 ml	**Milch**
75 g	**Vollrohrzucker**

1
Die Hefe mit dem Zucker flüssig rühren.

2
Die Milch mit der Butter erwärmen, bis die Butter geschmolzen ist. Die Eier unterrühren.

3
Das Mehl in eine Schüssel geben. Zucker, flüssige Hefe, Butter-Milch, Salz und Zitronenschalen beifügen und während mindestens 10 Minuten zu einem geschmeidigen Teig kneten. Zugedeckt an einem warmen Ort auf das doppelte Volumen aufgehen lassen.

4
Die Mohnsamen im Cutter fein mahlen. Die Milch aufkochen, den Mohn zufügen, den Topf von der Wärmequelle nehmen. 30 Minuten quellen lassen. Die Flüssigkeit weggießen, den Zucker unterrühren.

5
Den Teig halbieren, zwei Rechtecke von 20 cm x 30 cm ausrollen. Die Mohnmasse darauf verteilen, dabei auf allen Seiten 2 cm Rand frei lassen. Die Längsseiten bis zur Mitte einschlagen, dann eine Seite über die andere schlagen und zwei Stollen formen. Die beiden Stollen auf ein eingefettetes Blech legen und zugedeckt rund 1 Stunde an einem warmen Ort aufgehen lassen.

6
Den Backofen auf 180 °C vorheizen.

7
Die Mohnstollen im vorgeheizten Ofen bei 180 °C etwa 60 Minuten backen. Nach Belieben mit flüssiger Butter bepinseln und mit Mohnsamen bestreuen.

Abbildung Seite 57, links

Französischer Dreikönigskuchen

Blätterteig

250 g	**Dinkel- oder Weizenruchmehl/Mehltyp 1050**
1 TL	**Meersalz**
250 g	**kalte Butterstückchen**
250 g	**Rahm-/Sahnequark**

Füllung

100 g	**zimmerwarme Butter**
160 g	**Vollrohrzucker**
4	**Eigelbe von Freilandeiern**
300 g	**geschälte geriebene Mandeln**
einige	**Tropfen Bittermandelöl**
2 EL	**Zitronensaft**

zum Bestreichen

1	**Eigelb von einem Freilandei**

1
Für den Blätterteig das Mehl und das Salz in einer Schüssel mischen. Die Butter und den Quark zufügen, gut vermengen und nur so lange kneten, bis der Teig zusammenhält. Mindestens 1 Stunde kühl stellen.

2
Damit der Teig blättrig wird, gibt man ihm nun etwa 4 Touren: Den Teig etwa 1 cm dick zu einem Rechteck ausrollen, exakt in drei Teile falten, d. h. von der Schmalseite her zuerst einen Drittel des Teiges einschlagen, dann das zweite Drittel. Siehe Illustration. Den Teig 30 Minuten ruhen lassen oder noch besser kurze Zeit in den Tiefkühler legen. Diesen Vorgang 4 Mal wiederholen.

3
Für die Füllung die Butter mit dem Handrührgerät so lange rühren, bis sie weiß ist und an Volumen sichtbar zugenommen hat, etwa 10 Minuten. Den Zucker beifügen und rühren, bis er sich aufgelöst hat. Unter Rühren ein Eigelb nach dem andern beifügen und zu einer luftigen Masse rühren. Mandeln, Mandelöl und Zitronensaft unterrühren.

4
Den Backofen auf 220 °C vorheizen.

5
Den Teig halbieren, ausrollen und zwei Rondellen von 26 bis 28 cm Durchmesser ausschneiden. Aus den Teigresten einen Stern ausstechen. (Beachten Sie die Illustration auf Seite 60)

Fortsetzung auf Seite 60

Fortsetzung von Seite 59

6

Die Mandelmasse auf eine Teigrondelle streichen, dabei einen 3 cm breiten Rand frei lassen. Den Rand mit Eigelb bepinseln, darauf achten, dass das Eigelb nicht über den Rand läuft, weil sonst das Blätterteiggebäck nicht richtig aufgehen kann.

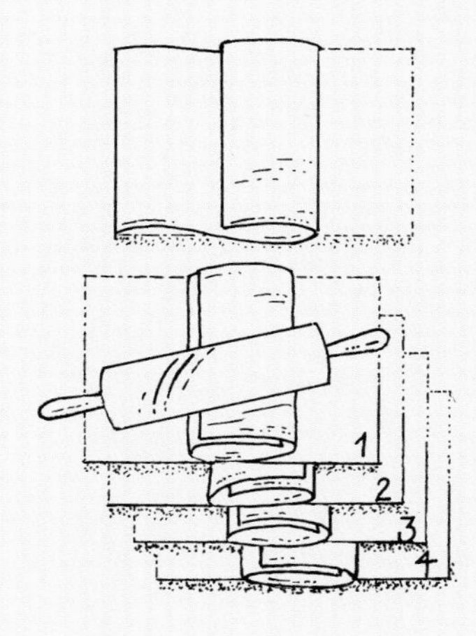

7

Die zweite Rondelle auf die Füllung legen und den Teigrand gut andrücken. Um den Rand zu formen, mit zwei Fingern auf den Rand drücken und mit einem Messerrücken senkrecht eine Kerbe zwischen den Fingern hindurch ziehen. Die Kuchenoberfläche mit Eigelb bepinseln. Die Teighaube mit einem scharfen, spitzen Messer von der Mitte her in kleinen Abständen einschneiden (siehe Bild). Den Teig keinesfalls durchschneiden. Den Stern auf die Mitte legen und andrücken, ebenfalls mit Eigelb bepinseln.

8

Den Dreikönigskuchen im vorgeheizten Ofen bei 220 °C etwa 30 Minuten backen.

Advent-Gugelhupf

für eine Gugelhupfform
von ca. 1,5 l Inhalt

250 g	**zimmerwarme Butter**
275 g	**Vollrohrzucker**
8	**Freilandeier**
2,5 dl/250 g	**Rahm/süße Sahne**
4 EL	**Kakaopulver**
1 EL	**Zimtpulver**
½ TL	**Nelkenpulver**
1	**Bio-Zitrone, abgeriebene Schale**
150 g	**Sultaninen**
300 g	**Dinkel- oder Weizenweißmehl/Mehltyp 405**
1 TL	**Weinsteinbackpulver**

1
Den Backofen auf 180 °C vorheizen. Die Gugelhupfform gut einfetten.

2
Die Butter mit dem Handrührgerät so lange rühren, bis sie weiß ist und an Volumen sichtbar zugenommen hat. Dies dauert rund 10 Minuten. Den Zucker beifügen und rühren, bis er sich aufgelöst hat. Ein Ei nach dem andern beifügen und die Masse rühren, bis sie luftig ist. Sämtliche Zutaten – ohne Mehl und Backpulver – unterrühren. Das mit dem Backpulver vermischte Mehl in die Schüssel geben, rühren, bis der Teig geschmeidig ist. In die vorbereitete Form füllen.

3
Den Gugelhupf im vorgeheizten Ofen bei 180 °C rund 50 Minuten backen. Vor dem Stürzen rund 10 Minuten ruhen lassen. Auskühlen lassen.

Verzierung
Marzipansterne, siehe Grundrezept auf Seite 92.

Bûche de Noël

Schokolade-Butter-Creme

150 g	**dunkle Schokolade**
½ TL	**Instant-Kaffeepulver**
4 EL	**Wasser**
150 g	**zimmerwarme Butter**
30 g	**Vollrohrzucker**

Biskuit

4	**Freilandeier**
60 g	**Vollrohrzucker**
70 g	**Dinkel- oder Weizenweißmehl/Mehltyp 405**

1
Für die Creme die Schokolade zerbröckeln und mit dem Kaffee und dem Wasser in einem Pfännchen bei sehr schwacher Hitze schmelzen und glatt rühren. Auskühlen lassen.

2
Die Butter mit dem Zucker zu einer luftigen Creme aufschlagen, die ausgekühlte Schokoladecreme unterrühren. Im Kühlschrank gut durchkühlen lassen.

3
Den Rücken eines großen rechteckigen Backbleches von ca. 30 cm x 40 cm mit eingebuttertem Backpapier belegen. Den Backofen auf 160 °C vorheizen.

4
Für das Biskuit die Eier mit dem Zucker zu einer luftigen Creme aufschlagen. Das Mehl zufügen und sorgfältig unterziehen. Den Biskuitteig auf dem Backpapier ausstreichen.

5
Das Biskuit im vorgeheizten Ofen bei 160 °C während etwa 12 Minuten hellbraun backen.

6
Ein Backpapier auf die Arbeitsfläche legen und mit flüssiger Butter bepinseln. Das Biskuit darauf stürzen und das gebrauchte Backpapier abziehen. Das Kuchenblech stürzen und auf das Biskuit legen, bis der Teig ausgekühlt ist. So bleibt der Teig feucht und kann nachher gut eingerollt werden.

7
Den Teig mit der Hälfte der Schokoladecreme bestreichen und sogleich aufrollen. Die Oberfläche – ohne Schnittflächen – mit der restlichen Creme überziehen. Mit einer Gabel eine «Baumrindenstruktur» einritzen.

Verzierung
Nach Belieben mit Marzipanpilzen, siehe Grundrezept auf Seite 92, verzieren.

Abbildung Seite 67, unten

Panettone

für eine Souffléform
von 20–24 cm Durchmesser

Vorteig

80 g	**Hefe**
2 dl/200 ml	**lauwarmes Wasser**
200 g	**Dinkel- oder Weizenweißmehl/Mehltyp 405**

Teig

600 g	**Dinkel- oder Weizenweißmehl/Mehltyp 405**
150 g	**Vollrohrzucker**
1 Beutel	**Vanillezucker**
1 EL	**Meersalz**
3	**verquirlte Freilandeier**
100 g	**flüssige Butter**
1	**Bio-Zitrone, abgeriebene Schale**
100 g	**kandierte Fruchtwürfelchen**
100 g	**Rosinen**
50 g	**Pinienkerne**

1
Für den Vorteig die Hefe im lauwarmen Wasser auflösen. 100 g Mehl beifügen und zu einem Teig rühren. Den Vorteig zugedeckt auf das Dreifache aufgehen lassen, das dauert rund 20 Minuten. Das restliche Mehl (100 g) einkneten, nochmals auf das Dreifache aufgehen lassen.

2
Für den Teig Mehl, Zucker, Vanillezucker und Salz mischen. Den Vorteig dazu geben, gut rühren. Die verquirlten Eier und die restlichen Zutaten zufügen, zu einem geschmeidigen Teig kneten. An einem warmen Ort auf das doppelte Volumen aufgehen lassen.

3
Die Form gut einfetten. Oder aus Karton einen Streifen von ca. 20 cm x 58 cm schneiden. Diesen zum Runden über eine Tischkante ziehen, mit Alufolie überziehen und mit einer Schnur zum Ring schließen. Den eingefetteten Ring auf das eingefettete Blech stellen.

4
Den Teig zu einer Kugel formen und in die Backform legen. Nochmals an einem warmen Ort rund 1 Stunde gehen lassen.

5
Den Backofen auf 180 °C vorheizen.

6
Panettone bei 180 °C rund 45 Minuten backen. Nach 20 Minuten den Ring eventuell sorgfältig auf das Blech drücken. Nach dem Backen Panettone 10 Minuten in der Form auskühlen lassen.

Zitronenstern

für eine Sternform
von ca. 26 cm Durchmesser

Biskuitteig

3	**Eigelbe von Freilandeiern**
80 g	**Vollrohrzucker**
1	**Bio-Orange, abgeriebene Schale**
3 EL	**heißes Wasser**
5	**Eiweiß von Freilandeiern**
150 g	**geriebene Haselnüsse**
1/2 TL	**Weinsteinbackpulver**
1/2 TL	**Zimtpulver**

Füllung

150 g	**zimmerwarme Butter**
30 g	**Vollrohrzucker**
4 EL	**Zitronensaft**
2	**Bio-Orangen, abgeriebene Schale**
1	**Bio-Zitrone, abgeriebene Schale**

1
Eigelbe, Zucker, Orangenschalen und Wasser zu einer luftigen Creme rühren.
2
Das Eiweiß zu sehr steifem Schnee schlagen.
3
Haselnüsse, Backpulver und Zimt gut mischen.
4
Den Backofen auf 160 °C vorheizen. Die Form gut einfetten.
5
Eischnee und Nüsse abwechslungsweise unter die Eigelbmasse ziehen, in die eingefettete Form füllen.
6
Den Zitronenstern im vorgeheizten Ofen bei 160 °C etwa 50 Minuten backen. Das Gebäck ein paar Minuten ruhen lassen, dann aus der Form stürzen. Auskühlen lassen.
7
Für die Füllung die Butter mit dem Handrührgerät so lange rühren, bis sie weiß ist und an Volumen sichtbar zugenommen hat. Dies dauert rund 10 Minuten. Den Zucker zufügen, rühren, bis er sich aufgelöst hat. Die restlichen Zutaten zufügen, glatt rühren.
8
Den Stern in der Mitte horizontal durchschneiden. Die Creme dazwischen ausstreichen.

Verzierung
Marzipansterne, siehe Grundrezept auf Seite 92, Zuckerblümchen, Nonpareilles

Abbildung:
Zitronenstern (oben), Rezept oben
Bûche de Noël (unten), Rezept Seite 64

Pecannuss-Pie

für eine Pieform
von 24 cm Durchmesser

Teig

250 g	**Dinkel- oder Weizenruchmehl/Mehltyp 1050**
4 EL	**Vollrohrzucker**
125 g	**kalte Butterstückchen**
4 EL	**Wasser**

Belag

200 g	**Pecannüsse oder Baumnüsse/ Walnüsse**
2	**Freilandeier**
2 EL	**flüssige Butter**
2 EL	**Mehl**
1 Prise	**Meersalz**
1 EL	**Rum**
80 g	**Vollrohrzucker**
200 g	**flüssiger Honig**

1
Das Mehl mit dem Zucker mischen, die Butter zufügen und mit der Mehl-Zucker-Mischung krümelig reiben. Das Wasser unterrühren, den Teig schnell kneten, jedoch nur so lange, bis er zusammenhält. In Klarsichtfolie einwickeln und etwa 1 Stunde kühl stellen.

2
Die Pecannüsse hacken.

3
Die Eier verquirlen. Alle Zutaten für den Belag, außer den Nüssen, beifügen und gut verrühren.

4
Für die Randblätter etwa ⅓ der Teigmenge 3 mm dick ausrollen. Etwa 24 Blätter ausstechen.

5
Restlichen Teig zu einer Rondelle ausrollen und in die eingefettete Form legen. Die Teigblätter ziegelartig an den Rand der Form legen. Den Teigboden mit den gehackten Pecannüssen bestreuen. Die Honigmasse darüber gießen.

6
Die Pie im vorgeheizten Ofen bei 200 °C etwa 40 Minuten backen.

Verzierung
Pecannüsse

Tipp
Mit Schlagrahm/geschlagener süßer Sahne servieren.

Adventskranz für den Brunch

Marzipan

200 g	**ganze geschälte Mandeln**
200 g	**Vollrohrzucker**
3 EL	**Rosenwasser oder Wasser**
100 g	**ungeschälte ganze Mandeln**
100 g	**zimmerwarme Butter**

Hefeteig

40 g	**Hefe**
1 EL	**Vollrohrzucker**
4,5 dl/450 ml	**Milch**
80 g	**Butter**
1	**Freilandei**
750 g	**Dinkel- oder Weizenweißmehl/Mehltyp 405**
80 g	**Vollrohrzucker**

Zum Bestreichen

1	**Eigelb von einem Freilandei**
2 EL	**Milch**

1
Marzipan herstellen: siehe Grundrezept Seite 92.

2
Die ungeschälten Mandeln grob hacken und mit der Butter zum Marzipan geben. Zu einem geschmeidigen Teig kneten. Im Kühlschrank gut durchkühlen lassen.

3
Die Hefe mit dem Zucker flüssig rühren.

4
Die Milch mit der Butter erwärmen, bis die Butter geschmolzen ist, das Ei unterrühren.

5
Das Mehl in eine Schüssel geben. Zucker, flüssige Hefe und Butter-Milch beifügen und während mindestens 10 Minuten zu einem geschmeidigen Teig kneten. Den Teig an einem warmen Ort zugedeckt auf das doppelte Volumen aufgehen lassen.

6
Den Teig nochmals kneten. Wenig Teig ausrollen, einige Sterne ausstechen. Den restlichen Teig zu zwei Rechtecken von 20 cm x 65 cm Länge ausrollen. Den Marzipan zu 2 gleich langen Rollen formen und auf die beiden Teigstücke legen. Diese nun zu gleichmäßigen Strängen einrollen. Die beiden Rollen spiralförmig drehen, darauf achten, dass die Teigenden unten zu liegen kommen. Die Spirale zu einem Kranz schließen. Auf ein eingefettetes Blech legen und 30 Minuten ruhen lassen.

7
Den Backofen auf 180 °C vorheizen.

8
Das Eigelb mit der Milch glatt rühren, den Kranz damit bepinseln. Die Sterne auf den Kranz legen, andrücken und ebenfalls bepinseln.

9
Den Adventskranz im vorgeheizten Ofen bei 180 °C etwa 35 Minuten backen.

Verzierung
Kerze, Stoffband

Rotwein-Zimtfladen

für eine Springform
von 26 bis 28 cm Durchmesser

Hefeteig

15 g	**Hefe**
2 EL	**Vollrohrzucker**
1,25 dl/125 ml	**Milch**
40 g	**Butter**
1	**Freilandei**
250 g	**Dinkel- oder Weizenruchmehl/ Mehltyp 1050**
½	**Bio-Zitrone, abgeriebene Schale**

Guss

1 dl/100 ml	**Rotwein**
1 dl/100 g	**Rahm/süße Sahne**
100 g	**Vollrohrzucker**
1 TL	**Zimtpulver**
1	**Eigelb von einem Freilandei**

zum Beträufeln

½ dl/50 ml	**Rotwein**

1
Die Hefe mit einem Esslöffel Zucker flüssig rühren.

2
Die Milch mit der Butter erwärmen, bis die Butter geschmolzen ist. Das Ei unterrühren.

3
Das Mehl in eine Schüssel geben, restlichen Zucker, flüssige Hefe, Butter-Milch sowie Zitronenschalen unterrühren, während mindestens 10 Minuten zu einem geschmeidigen Teig kneten.

4
Den Backofen auf 200 °C vorheizen.

5
Aus dem Teig eine Rondelle von 28 oder 30 cm Durchmesser ausrollen, in die eingefettete Springform legen. Den Teig an einem warmen Ort auf das doppelte Volumen aufgehen lassen, dann mit dem Finger mehrere Vertiefungen gut eindrücken.

6
Die Zutaten für den Guss verrühren, auf den Teigboden gießen.

7
Den Rotwein-Zimtfladen im vorgeheizten Ofen bei 200 °C 20 Minuten backen.
Den Kuchen aus dem Ofen nehmen, nochmals mit Rotwein beträufeln.

Tipp
Der Kuchen schmeckt lauwarm am besten, er kann jedoch auch aufgewärmt werden.

Honigfladen

für ein Kuchenblech
von 28 cm Durchmesser

Teig

230 g	**Dinkel- oder**
	Weizenruchmehl/Mehltyp 1050
1 EL	**flüssiger Honig**
1 Prise	**Meersalz**
150 g	**kalte Butterstückchen**
1	**Freilandei**
2 TL	**Zitronensaft**

Belag

500 g	**Magerquark**
120 g	**flüssiger Honig**
3	**Freilandeier**
2 TL	**Zitronensaft**
2 TL	**Zimtpulver**

zum Bestreuen

2 EL	**Vollrohrzucker**
2 TL	**Zimtpulver**

1
Mehl, Honig und Salz mischen. Die Butter zufügen, mit der Mehlgemisch krümelig reiben. Das Ei und den Zitronensaft zufügen, den Teig schnell kneten, nur so lange, bis er zusammenhält. In Klarsichtfolie einwickeln und etwa 1 Stunde kühl stellen.

2
Den Backofen auf 220 °C vorheizen.

3
Alle Zutaten für den Belag verrühren.

4
Den Teig ausrollen und in das eingefettete Blech legen. Die Quarkmasse darauf verteilen und glatt streichen.

5
Den Honigfladen im vorgeheizten Ofen bei 220 °C 15 Minuten backen, dann bei 180 °C etwa 20 Minuten fertig backen.

6
Den Zucker und den Zimt mischen, den noch warmen Kuchen damit bestreuen.

Christmas Pudding

für eine feuerfeste Schüssel
von 1 Liter Inhalt

130 g **Sultaninen**
130 g **Korinthen**
3 EL **Rum oder Cognac**
100 g **getrocknete entsteinte Pflaumen**
150 g **gemischte kandierte Fruchtwürfelchen**
50 g **ganze geschälte Mandeln**
120 g **Vollrohrzucker**
1 **Bio-Zitrone, abgeriebene Schale und Saft**
1 **Bio-Orange, abgeriebene Schale und Saft**
je 2 Msp **gemahlener Kardamom, Piment, Ingwer, Zimt**
1 Prise **Meersalz**
100 g **Butter**
100 g **frische Brotbrösel/ frisches Paniermehl**
3 **Freilandeier**

1
Die Sultaninen und die Korinthen mit dem Rum marinieren. Die Pflaumen klein würfeln. Die Mandeln hacken.

2
Sämtliche Zutaten in eine Schüssel geben und gut kneten. Die Masse in eine eingebutterte Schüssel geben und gut festdrücken. Die Oberfläche mit einem Backpapier zudecken, dann mit einer Alufolie satt einwickeln.

3
Einen großen Topf mit Wasser füllen, die Schüssel hineinstellen. Das Wasser aufkochen. Den Pudding während 9 Stunden (Sie haben richtig gelesen!) immer unter dem Siedepunkt ziehen lassen.

Tipp
Dieser «Pudding» sollte mindestens 3 Wochen vor Weihnachten zubereitet werden, damit sich die Gewürze voll entfalten können. Nur so schmeckt er wie ein echter Christmas Pudding. Mit kandierten Früchten garnieren.

Spielereien

Familien-Adventskalender

Lebkuchenteig

6 TL	**Natron**
4 EL	**warme Milch**
2 kg	**Dinkel- oder Weizenruchmehl/Mehltyp 1050**
8 EL	**Lebkuchengewürz**
300 g	**Vollrohrzucker**
½ l	**warme Milch**
500 g	**flüssiger Honig**
500 g	**Birnendicksaft**

Glasur

60 g	**Gummiarabikum (Drogerie)**
1 dl/100 ml	**Wasser**

1
Den Teig in zwei Portionen zubereiten.

2
Das Natron mit der Milch verrühren. Alle Zutaten zu einem geschmeidigen Teig kneten. Den Teig zugedeckt 2 Stunden ruhen lassen.

3
Den Backofen auf 180 °C vorheizen.

4
Die Hälfte des Teiges etwa 2 cm dick ausrollen und nach Belieben mit möglichst vielen verschiedenen Förmchen 24 Lebkuchen ausstechen, z. B. Auto, Eisenbahn, Pilz, Mond, Stern, Tannenbaum usw.

5
Die Lebkuchen im vorgeheizten Ofen bei 180 °C rund 15 Minuten backen.

6
Das Gummiarabikum mit dem Wasser in einem Pfännchen unter Rühren so lange kochen, bis es sich aufgelöst hat. Die Lebkuchen sofort nach dem Backen noch warm damit bepinseln. Gut auskühlen lassen.

7
Die Lebkuchen mit Zuckerglasuren und Dekor verzieren und mit Zahlen von 1 bis 24 versehen. Über Nacht trocknen lassen.

8
Für den Kranz aus der andern Hälfte Teig eine möglichst dicke Rolle formen und gut zu einem Kreis schließen.

9
Den Kranz im vorgeheizten Ofen bei 180 °C rund 40 Minuten backen; der Kranz soll gut durchgebacken sein.

10
Den Kranz mit Gummiarabikum bepinseln (siehe Punkt 6). Einen Tag stehen lassen.

11
In jede verzierte Figur ein Loch bohren und mit schönen Stoffbändern an den Adventskranz hängen. Es können zusätzlich Schokoladeherzen oder schön verpackte Mini-Schachteln an den Kranz gehängt werden. Mit hübschen breiten Bändern aufhängen.

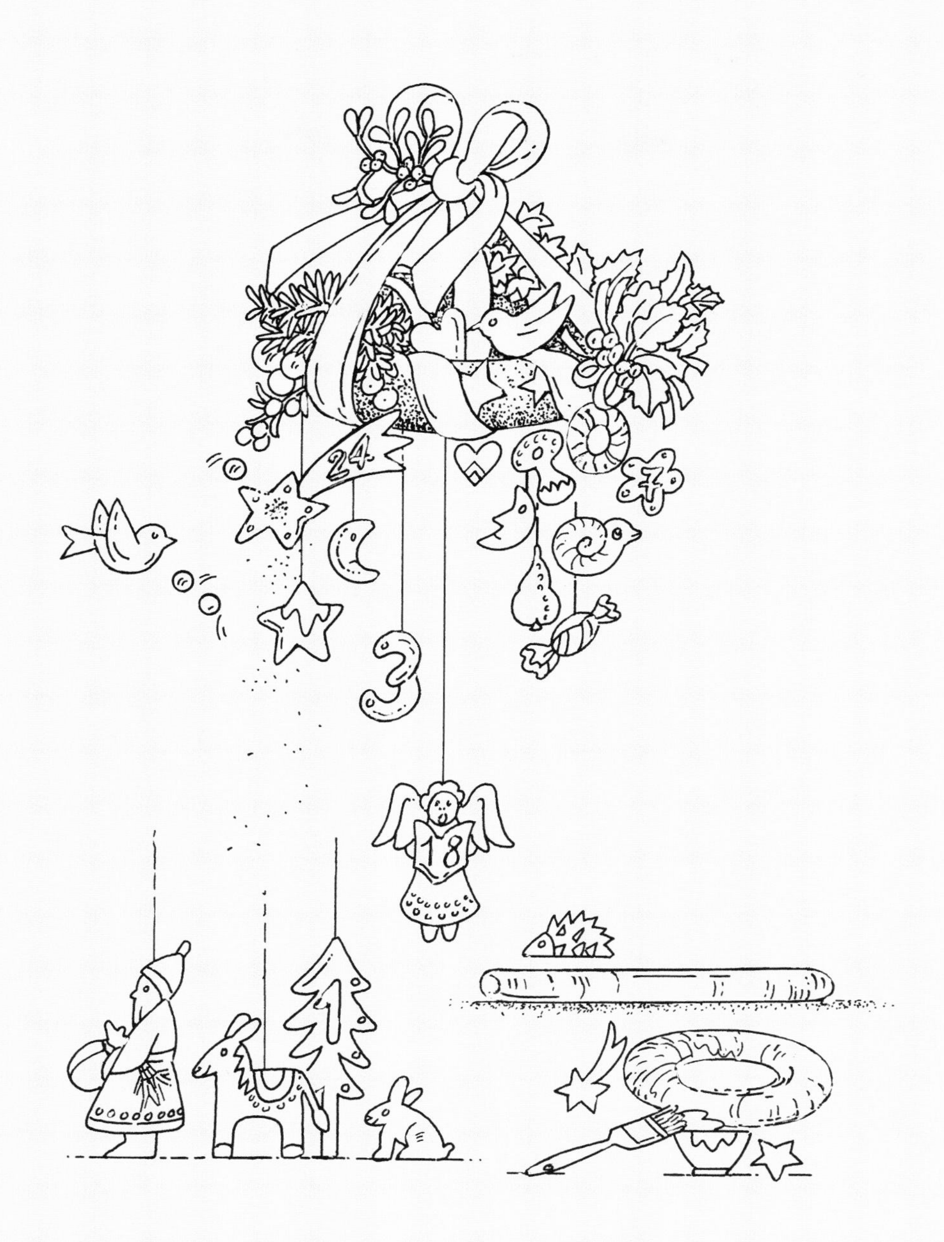
24
7
3
18
1

Gritibänzen

ergibt 2 Gritibänzen

30 g	**Hefe**
2 EL	**Vollrohrzucker**
3,5 dl/350 ml	**Milch**
½ dl/50 ml	**Rahm/süße Sahne**
70 g	**Butter**
350 g	**Roggenruchmehl/Mehltyp 1050**
150 g	**Dinkel- oder**
1 EL	**Weizenweißmehl/Mehltyp 405**
	Meersalz
200 g	**Baumnuss-/Walnusskerne**
100 g	**Sultaninen**
1	**Eigelb, zum Anstreichen**

1
Die Hefe mit dem Zucker flüssig rühren.

2
Milch, Rahm und Butter erwärmen, bis die Butter geschmolzen ist.

3
Das Mehl und das Salz mischen. Die flüssige Hefe und die Butter-Milch unterrühren, während mindestens 10 Minuten zu einem geschmeidigen Teig kneten. Den Teig zugedeckt an einem warmen Ort auf das doppelte Volumen aufgehen lassen.

4
Die Baumnüsse grob hacken und mit den Sultaninen zum Teig geben. Diesen nochmals kurz kneten.

5
2 Gritibänzen formen. Keine zu kleinen Verzierungen anbringen, sonst wird das Brot zu trocken. Mit Eigelb bepinseln. Die Gritibänzen nochmals 30 Minuten an einem kühlen Ort gehen lassen.

6
Den Backofen auf 180 °C vorheizen. Die Gritibänzen bei 180 °C rund 45 Minuten backen.

Vollkorn-Gritibänzen

ergibt 3 Gritibänzen

40 g	**Hefe**
1 EL	**Vollrohrzucker**
4,5 dl/450 ml	**Milch**
250 g	**Magerquark**
1	**Freilandei**
1 kg	**Dinkel- oder Weizenvollkornmehl**
1 EL	**Meersalz**
1	**Eigelb, zum Anstreichen**

1
Die Hefe mit dem Zucker flüssig rühren.

2
Die Milch erwärmen, den Quark und das Ei unterrühren.

3
Das Mehl und das Salz mischen. Die flüssige Hefe und die Quark-Milch unterrühren, während mindestens 10 Minuten zu einem geschmeidigen Teig kneten. Den Teig zugedeckt an einem warmen Ort auf das doppelte Volumen aufgehen lassen.

4
Den Teig nochmals kurz kneten, dann nach Belieben drei Gritibänzen formen (siehe Illustration). Keine zu kleinen Verzierungen anbringen, sonst wird das Brot zu trocken. Die Gritibänzen mit Eigelb bepinseln, nochmals 30 Minuten an einem kühlen Ort gehen lassen.

5
Den Backofen auf 180 °C vorheizen. Die Gritibänzen bei 180 °C 45 Minuten backen.

Brunslimonde

ergibt 2 Monde von ca. 15 cm Höhe

100 g	**Zartbitter-Schokolade**
1	**Freilandei**
1	**Eiweiß von einem Freilandei**
250 g	**geriebene Mandeln**
150 g	**Vollrohrzucker**
1 EL	**Kakaopulver**
1 TL	**Zimtpulver**
1 Msp	**Nelkenpulver**
1 EL	**Kirsch**

1
Die Schokolade fein hacken, in einen Topf geben, bei sehr schwacher Hitze auf der Wärmequelle stehen lassen, bis die Schokolade geschmolzen ist.

2
Ei und Eiweiß nur wenig schaumig rühren.

3
Mandeln, Zucker, Kakao, Gewürze sowie Kirsch mischen. Die Eimasse und die geschmolzene Schokolade unterrühren, mit einem Holzlöffel schnell zu einem festen Teig verarbeiten.

4
Den Teig halbieren und etwa 15 mm dick ausrollen und mit den Händen zwei Monde formen, mit Hilfe eines Springformrandes schön ausstechen.

5
Die Monde über Nacht oder mindestens 4 Stunden trocknen lassen.

6
Den Backofen auf 100 °C vorheizen. Die Monde bei 100 °C rund 10 Minuten backen respektive trocknen lassen.

Verzierung

Marzipan, siehe Grundrezept Seite 92, Zuckerperlen.

Abbildung
Brunslimond (oben), Rezept oben
Tischkärtchen (Herzen), Rezept Seite 85
Christbaumschmuck, Rezept Seite 84

Oma
Papi

Christbaumschmuck

200 g	Dinkel- oder Weizenweißmehl/Mehltyp 405
70 g	Vollrohrzucker
140 g	kalte Butterstückchen
1	Freilandei
	farbige, harte Bonbons, ohne Füllung, z. B. Zitronen- und Orangenschnitze, Himbeeren

1
Das Mehl und den Zucker mischen, die Butterstückchen zufügen, mit der Mehlmischung krümelig reiben. Das verquirlte Ei zufügen, kurz kneten, aber nur so lange, bis der Teig zusammenhält. Den Teig in Klarsichtfolie einwickeln, rund 30 Minuten kühl stellen.

2
Den Backofen auf 200 °C vorheizen.

3
Den Teig etwa 7 mm dick ausrollen. Mit Förmchen verschiedene Guetzli ausstechen, in der Mitte mit einem runden Förmchen ein oder zwei Löcher ausstechen. Mit einem Holzspießchen in jedes Guetzli oben in der Mitte ein Loch stechen.

4
Die Guetzli auf ein mit Backpapier belegtes Blech legen, im vorgeheizten Ofen bei 200 °C rund 10 Minuten backen. Das Blech herausnehmen. Den Ofen auf 150 °C zurückschalten.

5
Die großen Löcher mit 1 bis 2 farbigen Bonbons füllen, je nach Größe der Bonbons und der Löcher. Die Guetzli mit Alufolie zudecken, nochmals in den Ofen schieben, so lange, bis die Bonbons vollständig verlaufen und die Löcher ausgefüllt sind. Die Guetzli aus dem Ofen nehmen, auskühlen lassen. Erst dann vom Backpapier lösen.

6
Durch die kleinen Löcher feine Schnürchen ziehen, damit der Schmuck aufgehängt werden kann.

Abbildung Seite 83

Tischkärtchen

100 g	**Dinkel- oder Weizenruchmehl/Mehtyp 1050**
100 g	**Dinkel- oder Weizenweißmehl/Mehltyp 405**
70 g	**Vollrohrzucker**
140 g	**kalte Butterstückchen**
1	**Vanilleschote, aufgeschnitten**
1	**Freilandei**

Verzierung
Zuckerglasur
Nonpareilles
Zuckerblümchen
Silberperlen

1
Die beiden Mehle und den Zucker mischen, das ausgekratzte Vanillemark und die Butter zufügen, mit der Mehlmischung krümelig reiben. Das verquirlte Ei zufügen, kurz kneten, aber nur so lange, bis der Teig zusammenhält. Den Teig in Klarsichtfolie einwickeln und etwa 30 Minuten kühl stellen.

2
Den Backofen auf 200 °C vorheizen.

3
Den Teig etwa 7 mm dick ausrollen. Herzen oder beliebige andere Figuren ausstechen.

4
Die Guetzli im vorgeheizten Ofen bei 200 °C etwa 12 Minuten backen.

5
Die Guetzli nach Lust und Laune mit Zuckerglasur, Nonpareilles, Zuckerblümchen und Silberperlen verzieren. Die Namen der Gäste auf Halbkarton schreiben und auf Zahnstocher kleben. In die verzierten Plätzchen stecken.

Abbildung Seite 83

Lebkuchenhäuschen

4 TL	**Natron**
5 EL	**warme Milch**
1,5 kg	**Dinkel- oder Weizenruchmehl/Mehltyp 1050**
6 EL	**Lebkuchengewürz**
200 g	**Vollrohrzucker**
3,5 dl/350 ml	**warme Milch**
400 g	**flüssiger Honig**
350 g	**Birnendicksaft**

Glasur

60 g	**Gummiarabikum**
1 dl/100 ml	**Wasser**

Eiweißglasur

3	**Eiweiß von Freilandeiern**
500 g	**Puderzucker**

1
Den Teig in zwei Portionen zubereiten.

2
Das Natron mit der Milch verrühren. Alle Zutaten zu einem geschmeidigen Teig kneten. Zugedeckt 2 Stunden ruhen lassen.

3
Den Backofen auf 180 °C vorheizen.

4
Aus Karton Schablonen nach Vorlage (Seite 88) ausschneiden. Türen sowie Fenster ergeben sich aus den herausgeschnittenen Teilen! Den Teig portionenweise auf bemehlter Arbeitsfläche etwa 8 mm dick ausrollen. Mit den Schablonen die Hausteile ausschneiden, auf mit Backpapier belegte Bleche legen.

5
Die Lebkuchenteile im vorgeheizten Ofen bei 180 °C 15 Minuten backen.

6
In der Zwischenzeit das Gummiarabikum mit dem Wasser in ein Pfännchen geben und unter Rühren so lange kochen, bis es sich aufgelöst hat. Die Lebkuchen sofort nach dem Backen noch warm damit bepinseln. Auskühlen lassen.

7
Aus dem restlichen Teig Tannenbäume und Tiere für die Umgebung ausstechen, auf Backpapier legen, bei 180 °C 15 Minuten backen.

8
Für die Glasur das Eiweiß wenig schaumig rühren, unter Rühren den Puderzucker langsam zufügen, so viel, bis die Masse dick und zähflüssig ist. Diese in einen Spritzsack mit Tülle mit kleinster Öffnung füllen. Oder aus Backpapier eine Papiertülle herstellen (Seite 93), 5 mm von der Spitze wegschneiden. Alle Seitenwände mit der Zuckerglasur auf den Boden kleben und die Wände zusammenkleben. Am Schluss das Dach darauf legen und festkleben. Vollständig trocknen lassen, bevor Türen, Fenster und Verzierungen aufgespritzt werden.

9
Alle Verzierungen und Blumen werden mit der Zuckerglasur festgeklebt. Je dicker diese ist, desto schneller trocknet sie und um so schneller kleben die Teile aneinander. Über das Haus nach Belieben Staubzucker sieben.

Grundriss Seite 88

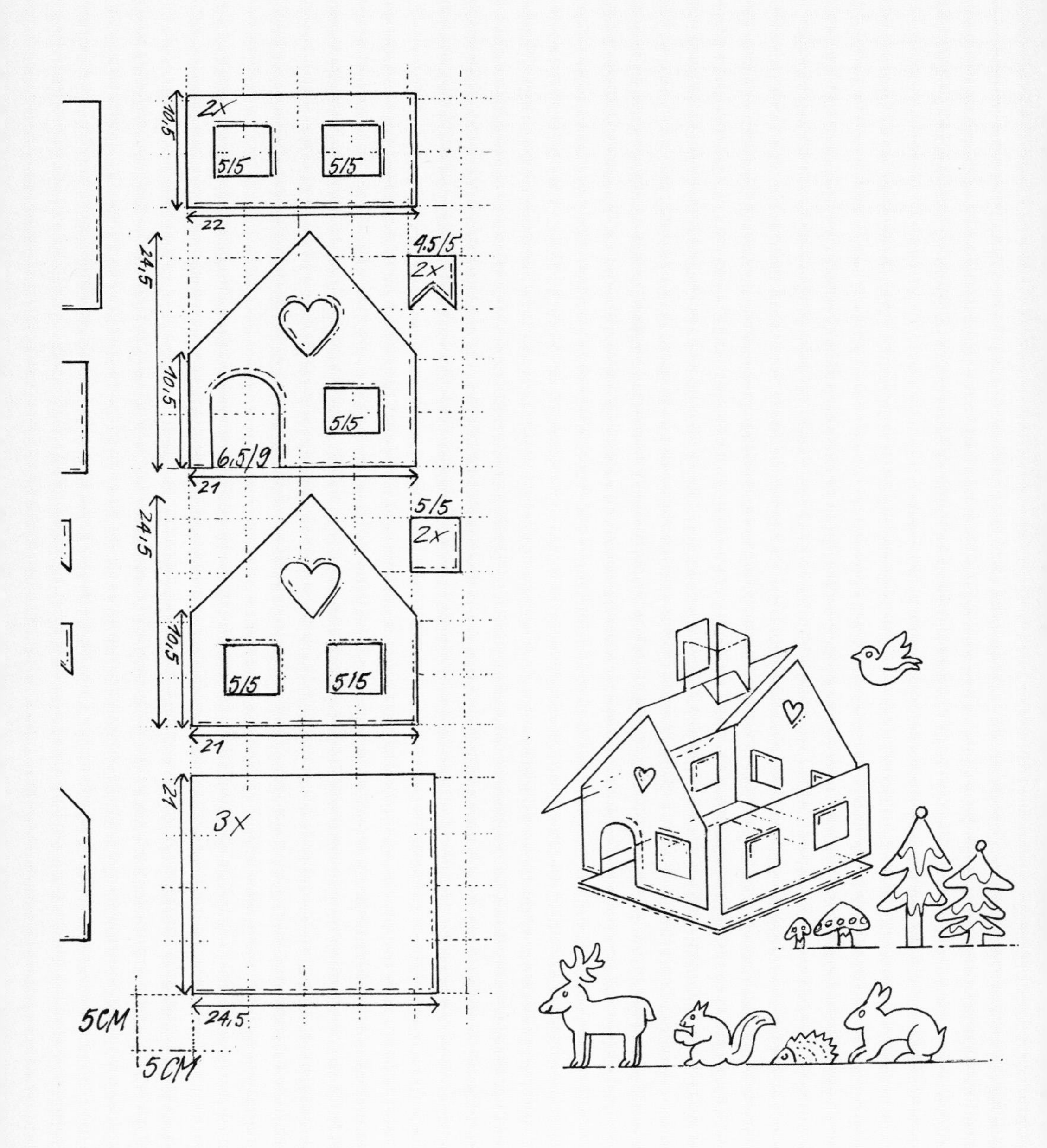

2X
10,5
5/5
5/5
22
24,5
4,5/5
2X
10,5
5/5
6,5/9
21
5/5
2X
24,5
10,5
5/5
5/5
21
27
3X
24,5
5CM
5CM

Tipps & Grundrezepte

Backtipps

Guetzli/Plätzchen

- Den Teig vor der Weiterverarbeitung rund 1 Stunde in den Kühlschrank legen, d. h. bis er die Festigkeit zum Ausrollen hat. Wenn es schneller gehen muss, legt man den Teig zwischen zwei Klarsichtfolien und drückt ihn gut flach, so kühlt er schneller durch.

- Klebriger oder etwas feuchter Teig läßt sich am besten zwischen zwei Klarsichtfolien ausrollen.

- Zu fest gewordener respektive zu kalter Teig kurz kneten, dann kann er problemlos ausgerollt werden.

- Vor dem Ausstechen den Teig mit einem gut bemehlten Spachtel von der Arbeitsfläche lösen.

- Die Förmchen vor dem Ausstechen in das Mehl drücken, dann klebt der Teig nicht an den Förmchen.

- Damit sich die Guetzli beim Backen nicht zusammenziehen, nach dem Ausstechen etwa 30 Minuten in den Kühlschrank oder an einen anderen kühlen Ort legen.

- Die Backzeiten können je nach Backofen leicht variieren. Deshalb den Backvorgang überwachen. Umluftbacköfen haben eine etwas kürzere Backzeit; die in den Rezepten angegebene Ofentemperatur ist um 20 °C zu reduzieren.

- Auch die Ofentemperatur kann je nach Backofen bis zu 40 °C variieren. Eine Abweichung von 20 °C liegt innerhalb der Toleranzgrenze.

- Die Guetzli werden in gut schließenden Blechdosen an einem kühlen Ort aufbewahrt. So sind sie mindestens 2 Wochen haltbar.

- Guetzli ohne Glasur können problemlos im Tiefkühler aufbewahrt werden. Etwa 1 Stunde vor dem Servieren aus dem Tiefkühler nehmen und bei Zimmertemperatur auftauen lassen.

Grundrezepte: Zuckerglasuren

Puderzuckerglasur

2 EL Eiweiß oder Zitronensaft
50 g Puderzucker

1
Das Eiweiß wenig verquirlen, bis es schaumig zu werden beginnt.
2
Das Eiweiß oder den Zitronensaft löffelweise unter stetem Rühren zum Puderzucker geben. Die Glasur soll dickflüssig sein.

Vollrohrzuckerglasur

50 g Vollrohrzucker
2 EL Eiweiß oder Zitronensaft

1
Den Zucker im Cutter fein mahlen.
2
Das Eiweiß wenig verquirlen, bis es schaumig zu werden beginnt.
3
Das Eiweiß oder den Zitronensaft löffelweise unter stetem Rühren zum gemahlenen Zucker geben. Die Glasur soll dickflüssig sein.

Tipps und Tricks

- Wenn die Glasur zu flüssig ist, wenig Puderzucker/Vollrohrzucker unterrühren.
- Das Eiweiß wird verquirlt, damit es löffelweise zum Zucker gegeben werden kann.
- Die Eiweißglasur trocknet schneller als die Zitronenglasur.
- Anstelle von Eiweiß oder Zitronensaft kann jede beliebige Flüssigkeit verwendet werden, z.B. Sirup, Fruchtsaft, Kaffee, Kirsch usw.
- Die Zuckerglasur kann mit einer Lebensmittelfarbe gefärbt werden. Ebenfalls sehr schön und intensiv färben Randen-/Rote-Betesaft, Beerensaft, Pfefferminzsirup, Sandelholzpulver. Diese Flüssigkeiten werden anstelle der im Rezept erwähnten Flüssigkeit dem Zucker beigemischt. Eine Messerspitze Safranpulver färbt die Glasur intensiv gelb.
- Verzierungen auf die Glasur legen, gleich nachdem sie aufgetragen worden ist; sie trocknet sehr schnell.
- Auch geriebene Mandeln sowie Haselnüsse können auf eine Zuckerglasur «geklebt» werden, sie sehen sehr dekorativ aus!

Grundrezept: Marzipan

100 g	**ganze geschälte Mandeln**
100 g	**Vollrohrzucker**
einige	**Tropfen Bittermandelöl**
2 EL	**Eiweiß, Wasser oder andere Flüssigkeit wie Orangensaft, Zitronensaft, Kirsch**
	nach Belieben ein paar Tropfen Lebensmittelfarbe

1
Die Mandeln und den Zucker im Cutter getrennt sehr fein reiben/mahlen.

2
Die Mandeln und den Zucker wieder in den Cutter geben, Aromastoffe und Flüssigkeit und allenfalls Lebensmittelfarbe zufügen und nur so lange mixen, bis die Masse zusammenhält. Wenn der Marzipan zu lange gemixt wird, wird er ölig.

Tipps und Tricks

- Wer über keinen Cutter verfügt, kauft geriebene Mandeln und ersetzt den Vollrohrzucker durch Puderzucker. Die Zutaten werden so lange vermengt und geknetet, bis die Masse zusammenhält.

- Den Marzipan immer zwischen zwei Klarsichtfolien ausrollen, da er auf der Arbeitsfläche klebt.

- Der Marzipan muss für die Verarbeitung Zimmertemperatur haben. Gut in Klarsichtfolie einwickeln, damit er nicht austrocknet.

- Um Verzierungen aus Marzipan herzustellen, den farbigen Marzipan etwa 2 mm dick ausrollen und beliebige Formen ausstechen.

- Der fertige Marzipan ist im Kühlschrank bis 3 Wochen haltbar. In einer gut schließenden Vorratsdose aufbewahren oder in Klarsichtfolie einwickeln, damit er nicht austrocknet.

Papierspritztüte

- Auf Backtrennpapier ein gleichschenkliges Dreieck zeichnen, ausschneiden.
- Eine Ecke von der Längsseite her einrollen und zu einer Tüte formen. Den oberen Rand respektive die obere Ecke nach innen einschlagen, damit die Tüte zusammenhält.
- Die Spritzglasur in die Tüte füllen und den oberen Rand umbiegen. Nur sofern die Tüte eine gut verschlossene Spitze hat, mit einer Schere einen Millimeter der Spritztütenspitze abschneiden, dies jedoch zuerst überprüfen.
- Größere Farbflächen mit einem Pinsel auftragen.